大展好書 好書大展

趣味心理講座 7

性格測驗⑦
探索對方心理

淺野八郎／著
李玉瓊／譯

大展出版社有限公司

揣測對方的新心理學——前言

人無法離群索居而獨自生活。我們一切的活動無非是在與家人、朋友、親屬等各種不同的人際關係中延續生活。非但如此，在平日的通勤、通學的途中，也會有各種不同的際遇。

而縱觀古今社會最難以掌握人心的時代，似乎是有如花花世界的現代吧！就連平日親近的人，也無法察覺其真正的意圖。甚至自以為最密切而瞭若指掌的親子關係也時有誤解。更何況他人的心事根本無從得知，而遑論其真偽了。

但是，人並無法因為不瞭解他人而不與他人接觸往來。如果不藉由反覆數次的試行錯誤而理解對方，進而掌握對方的心理，您的人生將難以獲得幸福美滿。

面對未來的時代，人為了彼此能互相理解，必須具備嶄新的智慧與努力、創意。所以，現代可以說是新心理學的時代。

本書的目的是介紹各位讀者一套新心理學，藉此習得理解他人的知識與技巧。

目錄

第二章　從猜謎遊戲中洞察心理的盲點

第三章　從行動模式的法則窺視對方的心理

第四章　個人的興趣與本性之間的奇妙關係

第五章　探討男與女的戀愛心理

第六章　瞭解商場對手深層心理的方法

性格測驗⑦　探索對方心理

第一章　舉止行動所反映的性格

如何掌握對方所思考的事或心理狀態——

本章將深入地探討人在平常不經意所流露的舉止行動或習性中的含意。您可以清楚地發現以往從未察覺到的各種現象。

TEST 1

K先生的大失敗

K先生終於如償所願，邀約心儀已久的她一起去喝茶。但是，如圖所示當二人坐在茶藝館的雅座十秒鐘後，K先生因為做了「某件事」而讓那位女孩心生厭惡。

「那件事」到底是什麼？

若是你也許也會不經意地做出這件事來……？（請從在茶藝館入座後服務生會先出來招呼這一點做為線索，動動您的腦筋吧！）

ANSWER 1

原因在於打開「面巾」的方法

〈解說〉

●不經意所做出的這個動作會令人討厭

在這個測驗中當然可以想到幾種原因。

譬如，K先生可能「偷摸服務生的屁股」，或者立即抽出一根香煙吞雲吐霧，而對方剛好是最討厭抽煙的人……這些都不無可能。但是，這些答案很難代表一般性，而且，任何男性在女孩面前多少都會顧慮這些舉動吧！

因此，最可能「被嫌棄的原因」是出在服務生送過來的「面巾」的打開法（事實上約會中令對方感到不快的第一個原因多半是「面巾」所造成的問題）。原來K先生像往常一樣用**手掌用力地拍打包裹面巾的塑膠紙袋，發出了一聲巨響**。

這種打開面巾的方法在男性中時有所見，以心理學的觀點而言，這是「想要誇示男性度」的心理作祟。換言之，是想利用發出巨響而受周遭人矚目的心態表現。而在女性眼中對於這種習慣會覺得是「裝模作樣令人討厭」、「粗鄙醜陋」而惹人嫌。

有許多女性看見初次見面的男性有這樣的舉動而有夢想已經破滅的失落感。

因此，得償宿願地邀女孩去喝茶的K先生，因興奮而表現的態度卻招來反效果。其實一般在用餐或喝茶等場合最大的原則應該是盡量不要發出聲音。

不僅是面巾，有些人用餐時動作粗魯使得餐具發出鏗鏘聲，而有人甚至用吸管嘶嚕嘶嚕地猛吸幾乎已經飲盡的果汁，這些失禮的舉動委實會使人的評價大打折扣。

TEST 2

那一位是那一位？

請看左圖成雙成對的各組人的模樣，再思考其答案。

①那一位是上司？

②那一位首先離席？

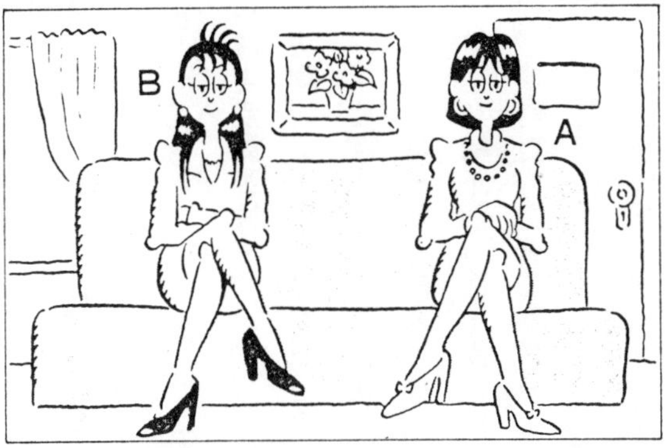

③那一位女孩較容易上鈎？

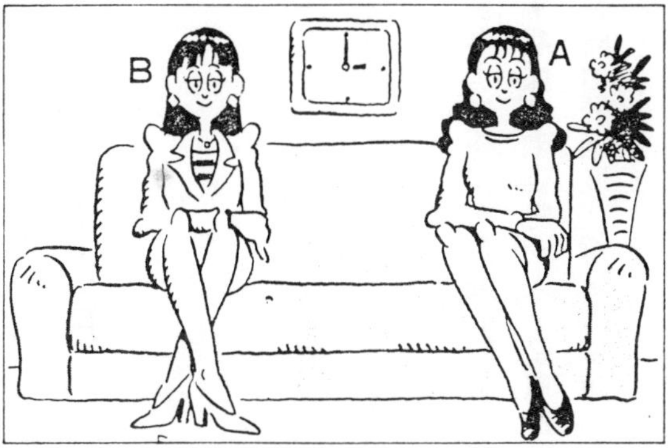

④那一位女孩會喜歡布偶的禮物？

ANSWER 2

①…B　②…A　③…A　④…B

〈解說〉

●根據坐姿揣測性格

法國的心理學家貝爾茲曾說：「根據坐在椅子上的姿勢可以瞭解該人的性格或現在的狀況。」心浮氣躁的人和神定氣閒的人，坐椅子的姿勢自然有所不同。以下依序介紹……。

▼淺坐椅子前方的人（插圖①的A男性）

淺坐在椅子前方而不靠在椅背上的人，多半是趕時間、對眼前的對方有所顧慮、對方是前輩或對對方抱著強烈警戒心時。如果平常都採淺坐姿勢的人，是屬於神經質、不耐寂寞的人。常有心浮氣躁、焦慮不安的情況。有時由於過度在意細微末節的事而吃虧。

▼穩坐在椅子上的人（插圖①的B男性）

仰靠在椅背，穩若泰山坐在椅上的人是自信家。行動敏捷、具有貫徹自己想法的強烈執著。採這種坐姿而雙手環抱在胸前的人，個性尤為頑固。對對方越沒有警戒心時，越會深坐在椅上。

▼翹腳而坐的人（插圖②的A男性）

坐在椅上而立即翹腳的人，是具有自我顯示慾的精明能幹型。不但不服輸，當無法受對方認可時也會感到焦慮不安。這種類型者中會叼雪茄或煙斗的人，是屬於喜好引人注目者。

▼坐時雙腳併攏的人（插圖②的B男性）

雙腳併攏而坐的人，多半是對對方不表關心或以輕鬆的心情與對方接觸的情況。討厭受形式所束縛的人常見這種坐姿。

以下只以女性為例……。

▼翹腳時左腳在上的女性（插圖③的A女性）

採這種坐姿的女性具有追求冒險的強烈慾望。對任何事都表現出積極的態度，以自我為本位。喜好夜晚的情調，因此，若要邀約這種女性約會，最好選擇飯店的交誼廳、高級

PUB等。有可能認識不久即發生肉體關係。不過，一旦產生肉體關係會變得糾纏不休，若要分手可要大費周章。

▼翹腳時右腳在上的女性（插圖③的B女性）

內向而理性的女性。決不會自己主動地與男性接觸。有點喜歡搬弄道理，所以，若要追求這種女性而訴諸情理乃得不償失。最好能順應對方的想法。另外，討厭時髦的男性、缺乏男子氣概的男性。與這種女性交往時如果有事受其所託，要負起責任確實地實行即可提高自己的信用。

▼雙腳往右或左傾斜而坐的女性（插圖④的A女性）

模特兒或影視明星常見這種坐姿。自尊心極高，因此，在交往的過程中必須注意不要傷害到對方的自尊心。而追求的要領是讚賞其貌美或格調高雅，把她當成是貴夫人一樣地交往。另外，也要讚美其所攜帶的物品或裝載在身上的裝飾品。

▼坐時腳掌交錯的女性（插圖④的B女性）

這種類型的女性是具有少女趣味的人。傾慕父親型或大哥型的男性。追求柏拉圖式的男女關係，因此，如果突如其來的接吻或要求性關係，會使對方強烈地反抗，從而厭惡這種男性。對男性的警戒心極強，因此，最理想的方式是利用電話邀約。交往的秘訣是以和善的忠言敞開其心胸。

TEST 3

猜拳也有性格的差異！

雖然有點唐突，不妨在此玩一下猜拳遊戲吧！以戰十次為勝負。請在左圖的一覽表上依序塡寫你所出的石頭、剪刀、布的種類。我所猜的拳已寫在次頁，當你塡寫完畢之後與其對照並寫下勝、負、和的結果。喂！可不要作弊喔！

次數	你	勝敗
①		
②		
③		
④		
⑤		
⑥		
⑦		
⑧		
⑨		
⑩		

（○是勝、●是負、▲是和）

ANSWER
3

①石頭　②剪刀　③石頭　④布　⑤石頭
⑥剪刀　⑦布　⑧剪刀　⑨石頭　⑩石頭

〈解說〉

●猜拳時每個人出剪刀、石頭、布的機率各不相同

結果你是幾勝幾負呢？

在此先不談勝負多寡請各位注意我所出的剪刀、石頭、布的次數。你是否發現我出石頭五次、剪刀三次、布只有兩次呢？

也許有人認為猜拳時不論是出剪刀或石頭、布，勝率相差無幾，不過，根據統計據說猜拳時首先出石頭的人最多，其次是剪刀。首先出布拳的只有二成左右的人。在這裡的出題方式是改成在十次勝負賽中調查各個所出現的比率。

附帶一提的是猜拳時常出剪刀或石頭、布，乃是個人的「癖性」，既然是一種癖性多少也會反映該人的性格。

最常出「石頭拳」的人具有強靭的耐力，是會貫徹自己想法的類型。似乎有許多人正如「握好的拳頭」一樣是屬於小心謹慎、保守的性格。

出「布拳」的人是樂天派、具有行動力、不在意細微小事。具有穩健的社交手腕，對工作帶著企圖心。開放、明朗的氣氛彷彿是張開的手掌一樣無從掩飾。

出「剪刀拳」的人乍看下彷彿是不服輸的攻擊型，卻是具有適應能力、和任何人都能和平相處的類型。會盡力地去達成他人所不願意做的事情，是屬於刻苦耐勞的人。

TEST 4

電話打最久的是誰？

並排在車站旁的一列公共電話。你急著打電話卻都佔線。請根據每個打電話者的姿勢思考，排在那一個人的後面能儘快打到電話。

C
B
E
D

ANSWER 4

排在D的男性後面

〈解說〉

●電話聽筒的拿法是重要關鍵

考慮這個問題時必先想到「女性愛講電話（平均二十五分）」，幾乎已成一般的常識，所以排在C或D男性的後面的推想應可以成立吧！

那麼，我們來仔細觀察這兩位男子的模樣。**C的男子無意識中用右手拉扯著電話線**。這是喜歡幻想、感情脆弱的浪漫主義類型常見的動作，同時也是拿著電話喋喋不休者最典型的動作。

相對地，**D的男性手握在聽筒的下方**。這是運動員或精力充沛型的男性常見的握法，這種人的性格多半是不為一點小事而悶悶不樂、積極而主動採取行動的性格。幾乎不會在電話中和朋友囉嗦不停，迅速而敏捷地把事情說完後即掛斷電話的類型。

因此，答案是如果排在D的男子後面，儘早打到電話的可能性較高。

另外，從其他三位打電話者的姿勢中，也可以窺視其人所流露的不同性格。

像A一般用雙手握住聽筒的人，是類似獨生子的大少爺型。一旦談起戀愛很容易受情人的影響，而連性格也整個改變。如果是男性有點娘娘腔，很容易因芝麻蒜皮的事而悶悶不樂。

像B一般稍微將聽筒偏離耳朵的人，是屬於自信家。是有點逞強而帶有男性化的女性。從事空中小姐或模特兒等職業的女性常見這種動作。男性中鮮少有人採這種握法。

像E一般握住聽筒上方的人。這也幾乎是女性的握法。屬於歇斯底里型，動輒勃然大怒，感情的起伏或對事物的好惡非常激烈。

前面曾提到「女性愛講電話已是一般的常識」，這一點若以心理學的觀點來解說，乃是與男性相較之下女性在打電話時，並不把電話當成純粹傳達事情的「道具」，而具有喜好「藉此做為表達自己的心境或感情的溝通方法」的傾向。

換言之，對女性而言喋喋不休地講電話或三五成群地閒話家常，具有做為自我表現的道具的強烈色彩。而男性並不像女性渴望利用這種「談話」的形式做為自我表現的方法（當然也並非全無），所以，電話使用的時間就相對地減少。

TEST 5

電影導演的執著

這裡是某電視懸疑劇場的拍片場。

現在正要拍攝擔任壞蛋角色的B先生打開罐裝啤酒一口飲盡的鏡頭，但是，個性固執的導演一直不下達OK的指令，B先生NG數次反覆重來數遍，幾乎已到爛醉如泥的狀態。

「喝啤酒的神態倒好，但是，打開罐裝啤酒的方式卻不像是個壞蛋啊！」

這是導演的說詞，那麼，B先生到底要怎麼開瓶罐才能獲得導演的OK呢？

若要從下列的答案做選擇，如果是你，將如何打開瓶蓋？

①由左往右拉開。
②朝下（身前）拉開。
③由右往左拉開。
④朝上（對面）拉開。
⑤朝斜上方拉開。
⑥朝斜下方拉開。

ANSWER 5

⑤往斜上方拉開

〈解說〉

●朝身前拉開瓶蓋的人是屬於穩健的類型

美國明星的演技中最被重視的，據說是啤酒罐的開法和香煙的抽法。雖然啤酒罐的拉環朝那個方向拉開彷彿是微不足道的事情，然而每個人的開法不同，而其開法自然反映出個人的性格。

①

①自左往右拉開的人

具有強烈責任感、一旦決定的事情必定貫徹始終的努力家類型。待人和善，顯得親切而善良，卻具有冷靜的內在，與朋友之間的交往意外地淡泊。

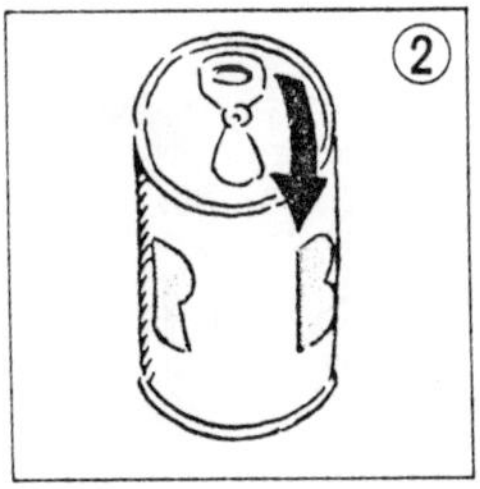

②朝下（身前）拉開的人

性格穩健、認真。待人和善、平易近人，是任何人都喜好的類型。

明星B先生的開瓶方法就屬這種方式。演壞人的明星事實上並非壞人。B先生的好人本性無意中暴露在開罐的方法上，這也正是導演不滿的原因。

③由右往左拉開的人

和任何性格的人都能和平相處的社交家類型。也是心地溫和的人情家，不擅長個人獨處的難耐寂寞的類型。喜好不停地追求新的刺激的追求時尚者。缺點是有些任性。

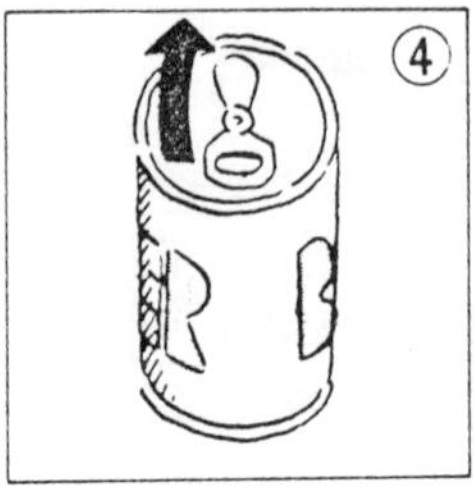

④朝上（對面）拉開的人

個性開朗、不拘小節的人。能和他人立即打成一片，不認生、和任何人都能立即做朋友，而且能提供廣泛的話題的類型。在宴會等場合是最得人緣者。

⑤朝斜上方拉開的人

好強而不服輸的激烈性格的人。凡事不順遂己意則誓不干休的任性類型。具有強烈的人緣志向、成功志向，渴望自己被看好、獲得好評而堅忍不拔地往前努力。飾演橫眉豎目的「惡漢」，應該最適合這種開瓶法。

⑥朝斜下方拉開的人

具有體貼心與豐富感受性的神經細膩的人。能敏感地察覺對方的心情。整體而言較缺乏主體性，是懦弱的大少爺類型，具有無法獲得衆人的贊同而心緒不定的一面。

TEST 6

三雙鞋子所代表的意義……

上班族的S先生決定邀請三名部屬到自宅宴客。

「您好，太太，前來打擾了。」

「啊，請進、請進。請不要客氣。」

S先生的太太招待部屬們進入家裡之後，向S先生這麼說：

「你經常抱怨有一個任性的部屬令你傷透了腦筋，我今天看他們脫鞋的方式總算明白了。你說的那個任性的部屬就是穿那雙鞋子的人吧！」

「喔！妳可真厲害！猜對了啊！」

那麼，你知道穿那一雙鞋的人是「任性的部屬」嗎？

C
B
A

ANSWER 6

任性的部屬是C

〈解說〉

●鞋子脫掉後成扇形的人是專斷自為、任性的人

隨意脫下的鞋子會自然地暴露該人的性格。

像A一樣左右分開的人有點性急，卻是能迅速俐落地處理事務的能幹類型。**像B把鞋子擺放整齊的人**個性一絲不苟、帶有消極性。在工作上是屬於認真的穩紮穩打型，卻也是常會碰壁而煩惱的類型。**像C一樣脫鞋後呈扇形的人**這種類型者具有以自我為中心的一面，常會有任性的舉動、不通情理的言詞。

S先生所煩惱的「任性的部屬」就是這雙鞋子的主人。另外，和C相反地，鞋子的後方呈扇形打開的人，也屬於以自我為中心的類型。尤其是先脫左鞋的人這種傾向尤為強烈，可以說是缺乏寬容心的類型。相反地，先脫掉右腳鞋的人是屬於陰沈的類型。

TEST 7

您也來算個命吧！

據說某相士利用靜止畫面的電視電話，為顧客做「電視電話運勢洽談」，K先生於是立即打電話過去一探究竟。結果相士說：

「首先請將手掌伸到鏡頭之前讓我看。嗯、嗯。你是非常小心謹慎的人喔！」

根據目前靜止畫面的電視電話的解像度，並無法看清手掌上掌紋的脈絡……那麽，這位相士是根據什麽做這樣的回答呢？

ANSWER 7

根據伸手的方式而占卜

〈解說〉

●伸手的方式也會流露個人的性格

利用電視電話的確難以深入而詳細地判斷手相，不過，這位相士可從來沒說過要「看手相」喔！事實上當K先生被指示「請伸出手來讓我看」時，相士已根據他伸出手時手指的狀態而做了診斷。

如果我們仔細觀察一般人伸手讓他人看時的手指狀態，則有如圖所示數種類型，而各個類型都表示不同的性格。

Ⓐ手指全部張開的人

樂天派、坦率、行動迅速而敏捷。厭惡受周遭人束縛，會明確地表示自己的喜、怒、哀、樂的類型。

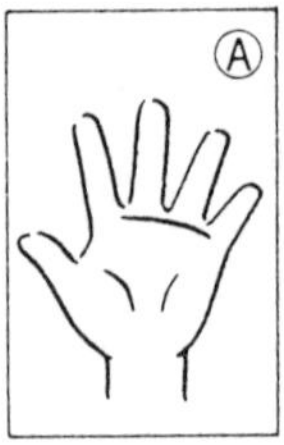

Ⓑ伸手時手指全部併攏的人（K先生就屬這個類型）

小心翼翼、對細微小事顧慮周全的慎重派。會壓抑自己的感情，充分思考之後再採取行動的類型。

Ⓒ伸手時只張開拇指的人

意志堅強、不會任人擺佈而具有頑固自我的人。同時，也可以發現這種人目前正處於充滿著企圖心的精神狀態，正逢上升機運。

Ⓓ伸手時手指全部彎曲的人

意志薄弱、容易疲憊的類型，然而卻對人體貼、充滿著善意，受人之託絕不敢推辭的好人。

Ⓔ伸手時只有小指外伸的人

對人的好惡非常明確，充滿構想、美感的人。不過，似乎具有動輒勃然大怒或容易焦躁不安的一面。

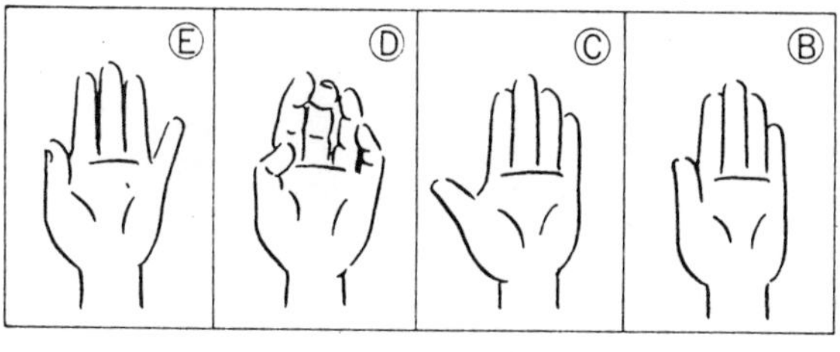

TEST 8

你最喜歡那一張臉孔？

左邊是世界上著名的政治家的照片。每一張臉孔都極具個性，那麼，在這些臉譜中你最喜歡誰的臉孔呢？

根據你所選擇的人可以明瞭你的性格。同時，可讓這些照片讓情人或朋友觀看，讓他們做同樣的回答即可瞭解對方的心理！

(1)美國前總統布希

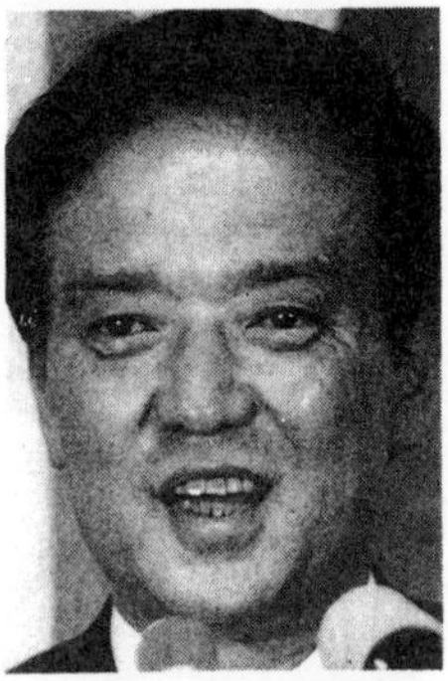

(5)日本前首相海部

(4)英國前首相
柴契爾夫人

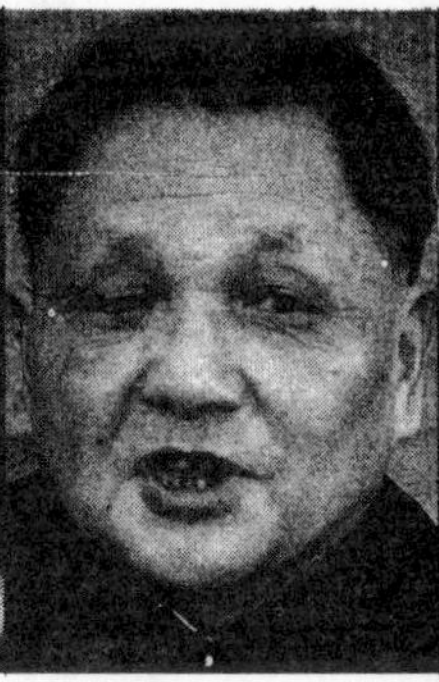

(3)鄧小平

(2)前蘇聯總書記
戈巴契夫

(8)日本社會黨前
黨魁土井女士

(7)日本前首相
竹下

(6)日本前首相
宇野

ANSWER 8

性格會表現在臉上

〈解說〉

●多半會選擇自己景仰的人物

對臉孔的品味也是表示渴望成為某種人或與其接近的願望。到底人是根據什麼而決定對臉孔的好惡，有極大的個人差異，不過，多數人在看到上述世界聞名的八位政治家的臉孔時，多半會從其臉孔所感受的印象中添加其人的背景，換言之，根據我們從電視或報章雜誌中所得知的情報而產生的印象做決定。

(1)**美國前總統布希**——喜好這種額頭、眼睛、鼻子、下顎均衡的臉孔的人，一般而言是屬於安全主義者，凡事不會無理強求的慎重派。雖然少開尊口，卻充滿著正確、敏捷地處理事務的行動力。

(2)**前蘇聯總書記戈巴契夫**——能適應環境的變化而改變自己類型。是充滿著協調性能與周遭者和平相處的人物。

(3)**鄧小平**——這是所謂的老大臉孔。喜好這種臉型的人充滿著活力、自我顯示慾強、不顧周遭人想法，一味地往自己的夢想或目標突飛猛進的類型。實業家中常見這種類型。

(4)**英國前首相柴契爾夫人**——氣質高雅、追求典雅、追求知性事物的傾向極強。是屬於完美主義者，對自、他都極為嚴厲的類型。

(5)**日本前首相海部**——溫和而保守的上班族類型。喜好這種臉孔的人凡事小心謹慎，鮮少將自己的感情表露在外，因此，既不會樹敵也多半鮮少有真正的同伴。

(6)**日本前首相宇野**——根據一連的報導得知宇野前首相的素行頗有爭議（因與藝妓的醜聞而下台）卻仍然選擇他的人個性極為乖癖。厭惡平凡的事物，喜好追求標新立異的類型。

(7)**日本前首相竹下**——忍耐力強、步步為營的類型。但是，有時會對自己所從事的事情感到不安，常有煩惱。是屬於古代的掌櫃類型。

(8)**日本社會黨前黨魁土井女士**——個性積極、執著力強，嫉惡如仇的正義派。男性中喜好這種臉孔的人，不是女權擴張論者就是帶有戀母情結。

TEST 9

某董事長對職員的觀察

某大公司的董事長F先生為了得知職員們的性格、人性經常讓職員們開會，然後靜靜地觀察他們在會議中的談話方式。

今天他又聚集八名職員讓他們舉行會議，這八個人的談吐方式如下面所舉的類型。而F董事長認為這八人當中只有一個才是値得信賴的好職員。那麼，他是這八個人中的那一個呢？

①A職員　說話大聲而吵雜。

②B職員　語尾不清、談起話來模稜兩可。

③C職員　如應聲蟲般附和對方的說詞說：「果然不錯！」「是啊！」

④D職員　目中無人地說個不停。

⑤E職員　說話時臉上帶著微笑。

⑥G職員　對別人的議論隨聲附和。
⑦H職員　吊高著嗓門說話。
⑧I職員　和緩而親切地說話。

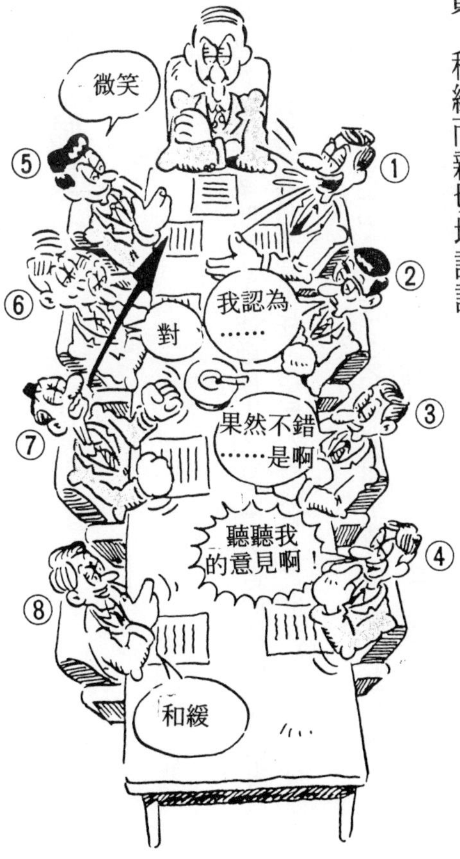

ANSWER 9

⑤的E職員

〈解說〉

●微笑所帶來的好印象

人的心理或性格常流露在談吐方式上或動作中。各家電視台的新聞報導都由口齒清晰、思緒敏捷的新聞解說員或播報員擔當重任，這些人的談吐方式也有各種不同的習性或動作，仔細觀察趣味非凡。

以日本朝日電視台的「NEWS・STATION」的新聞主播久米宏先生為例，他在日本衆多的新聞主播當中最得人緣，其原因多半是他的個性開朗、談話速度稍快，並且始終帶著親切的笑容播報，換言之，是他的談話方式深得人心。

這八個職員當中，F董事長認為是好職員的只有⑤的E職員。帶著微笑說話非常重要，然而卻鮮少有人辦得到。如果你想要談話時令對方產生好感，不妨試著帶著淺淺的微笑。

微笑時的談話聲會自然地帶有韻律、聲音高低起伏、音質生氣蓬勃而令人產生好感。

而微笑並非只是軟化製造聲音的聲帶，也會使臉孔整體的表情柔和，使人產生極好的印象。

以下，根據個人談話的方式來分析其他職員們的性格。

①的A職員　行動派、開朗的性格，不過，攻擊心過強，一旦成為敵人則是相當棘手的對象。

②的B職員　內向、消極、談話時帶著靦腆或話中帶謊，常會因此而虛應搪塞。

③的C職員　頻繁地附和對方的談話的人，是具有取悅對方使對方滿意的居心。

④的D職員　自我本位的幼兒性性格。

⑥的G職員　外表上似乎對他人的談話洗耳恭聽，事實上多半是想貫徹自己的意見。

⑦的H職員　拉高嗓子說話的類型，多半是緊張或精神處於不安狀態、憤怒的時候。

⑧的I職員　和緩而親切地談話的人，乍看之下似乎會令人產生好印象，事實上多半是屬於個性頑固、不輕易改變自己的意見、缺乏融通性的類型。

一般而言，在電視上或面談中，令對方產生好印象的人多半有共通的動作或表情。心理學上對於利用開朗的動作或表情，而掌握對方的心稱為「OPEN FACE」（開放的臉孔），相對地，令對方感到消沉的表情則稱爲「CLOSE FACE」（閉鎖的臉孔）。

心理學講座①

福爾摩斯的觀人術

文學上的人物中觀察人或洞察人心的能力最敏銳的，是柯南道爾筆下的「福爾摩斯」！他可以從一般人所疏忽的細微小事推測該人物的心理，甚至其職業，其推理能力無人可出其右。福爾摩斯的觀察人法至今對於我們的人物鑑別仍能掌握著許多有益的線索。我們就從小說中來探討福爾摩斯式的觀人法吧！

【1　從帽子的特徵推理人物】

在影片『碧綠的紅玉』中，福爾摩斯根據陌生人所留下的帽子特徵，推理該人物的性格及生活。帽子具有下面五種特徵。

①比一般稍大的帽子　②帽上留有兩個穿帽帶的洞孔，而帽子上卻沒有帽帶　③彷彿用剪刀剪掉的短髮，其毛絮多量附著於帽子的內側　④帽子污穢、沾有塵埃與污漬　⑤帽子上有五個蠟燭的油漬。

福爾摩斯根據以上五個特徵聯想到了什麼？

①比平常略大的帽子是表示頭大的人，從這一點來看是極具理性的人物。

②成年人的帽子卻有兩個穿帽帶的洞孔，乃是特別裝訂或改製而成。為的是避免帽子被風吹落，但是帽帶斷裂之後卻仍然維持原狀，表示不再像從前處事小心翼翼，亦即性格不再剛烈的證據。

③帽內殘存著許多短髮的毛絮，乃是最近剪髮的證明。

④帽上沾有塵埃、污漬卻不清理。是表示與妻子不合，失去愛情。

⑤帽上有五個蠟燭的油漬，是表示此人經常與點火的蠟燭接觸。當時正值瓦斯燈的時代，因而推測這個人的家內還沒有安裝瓦斯。

【2　根據身材、服裝推測人物】

①右手比左手粗大一圈，肌肉特別發達。

②右手的袖口附近特別油亮，左手的手肘附近有一處縫補。

③右手手腕上方刺有粉紅色鱗片的魚紋。

根據這三個暗示而推測這個人是，「某時期曾做過粗活，曾經到過中國、最近經常寫作」。

左右手相差約一圈乃是因為做粗活的緣故。右手的袖口油亮，左手的手肘上有縫補是靠在桌上寫作的證據。刺青只有中國才有，因而據此做推斷。

對於福爾摩斯的人觀察，其同事華特森常批評為雕蟲小技不足掛齒，認為自己也有這番本領。福爾摩斯聽他的揶揄則如此回答說：

「你雖然也看得見卻不做觀察。譬如，你曾無數次看見從大門進入這間房間的樓梯吧？」

「看過好幾次啊！」

「到底幾次？」

「啊，總有個數百次吧！」

「那麼，樓梯有幾階呢？」

「幾階？這我可不知道啊！」

「這就對了吧！你根本不做觀察。但是你卻是看到了。這就是我所要說的要點啊！我知道那個樓梯一共有十七階。因為我不但看而且做了觀察……。」

福爾摩斯的這番話隱藏著極為重要的含意。看某個人物和仔細觀察之間是有極大的不同。福爾摩斯式的人間觀察法可以綜合整理如下。

①養成注意平常會遺漏、疏忽的事物的習慣。

②是否具有和一般人所不同的習性或特色？

③該人物身上所穿戴的物品有沒有與該人不搭配的項目？

④習性或體材的變形是否與職業有所關連？

第二章

從猜謎遊戲中洞察心理的盲點

性格測驗⑦　探索對方心理

每個人對同樣的圖形或繪畫所掌握的方式或感受各不相同——本章是根據對各種圖形或繪畫的觀感，從而診斷做答者的性格。那麼，你要找誰測驗一下呢？

TEST 1

切斷可愛的魚！

這裡有如下圖所示的一隻可愛的魚。據說在適當的位置用直線將這條魚切割成三部分，再重新接合後可以變成一個正方形。

請問，到底該怎麼切割、怎麼接合才好？

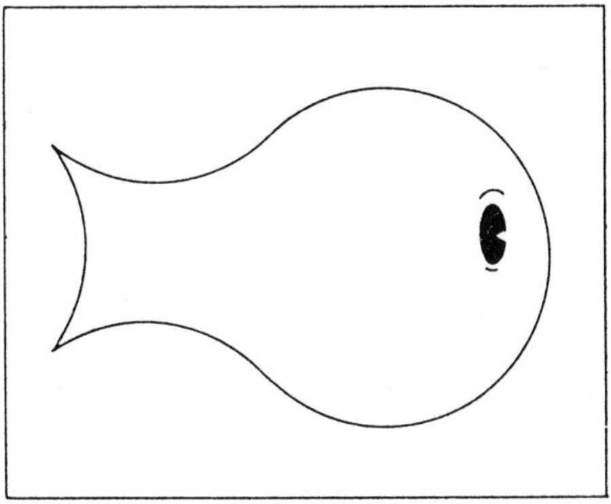

ANSWER 1

切割法、接法如圖所示

〈解說〉

●你具有推理能力嗎？

這問題是把一個圖形在適當的部位切割成數個部份，然後再做適當的銜接，而組合成另一個新的圖形。

這稱為「切合謎語」，這個問題是圖形謎語的代表，應用這種謎語是衆所周知的「拼圖遊戲」。

以研究這種謎語而聞名的是奧大利亞的哈利・林特葛雷，前頁的問題也是他獨創的切合謎

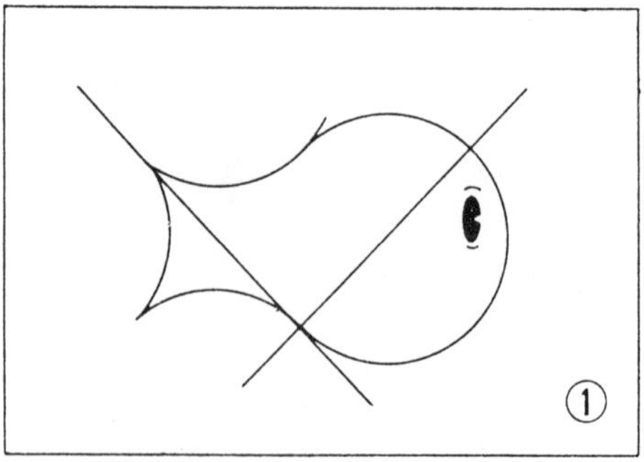

題而能明白解答者是否具有推理能力、觀察力。

如果是受固有觀念所束縛、腦筋死硬的人，大概很難解開這個謎語吧？

所謂推理能力，乃是從各種角度審視某個事物，而揣測其內容的能力。

如果有人完全搞不懂這個問題而舉手投降，應致力於培養柔軟的構想力、改變不同視點去觀察事物的眼力。

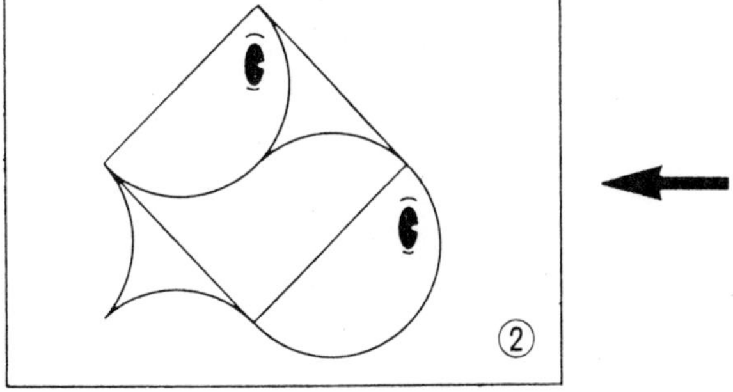

②

再出兩個應用問題吧！這也是哈利・林特葛雷的切合謎語的問題。問題相當難，能夠解答的人其推理能力、觀察力可謂出類拔萃（答在60頁）。

(1)用四條直線切開左上的正六角形，再做成一個正方形。

(2)用四條直線切開左下的星形，再做成二等邊三角形。

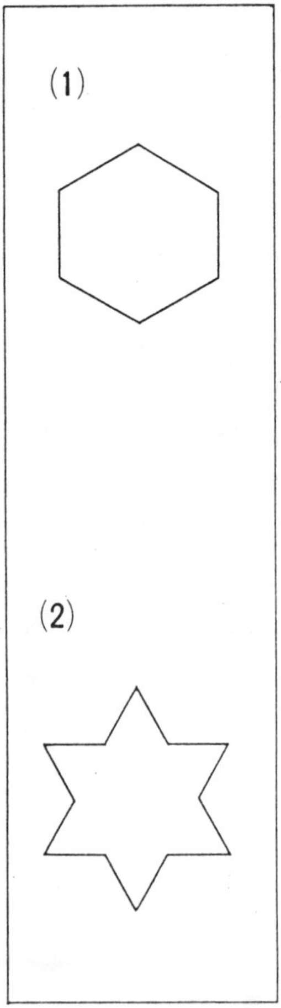

TEST 2

嘿嘿，很奇怪的蛇喔！

某動物園裡有一條如圖所示，被關在柵欄裡的蛇。

但是，你看這條蛇是否有點奇怪呢？

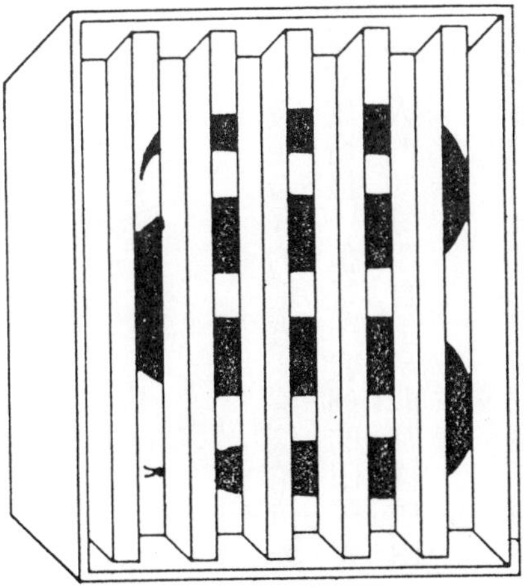

ANSWER 2

不可能的蛇畫

〈解說〉

●你的眼睛很容易被矇騙

如果仔細地觀察前頁的蛇和成直條狀的柵欄，一定可以發現奇怪的地方。這條蛇彷彿是描繪在柵欄的表面，也彷彿是在柵欄的裏側。這個圖畫的確奇怪，但是，我們的眼睛會把這幅圖畫看成是「正確的畫」，而很容易暫時地被矇騙。人的知覺事實上是非常模稜兩可的。

發覺這幅蛇畫是不可能存在的奇異圖形的人，可以說是注意力敏銳，具備洞察事物本質的能力的人。

由此可見圖畫中有表現虛幻世界的圖畫、不可能存在的圖畫。這些圖形稱為「不可能圖形」「錯視圖形」。由於人的眼睛對景物的掌握模稜兩可，因此，即使是不合理的景物

(1)

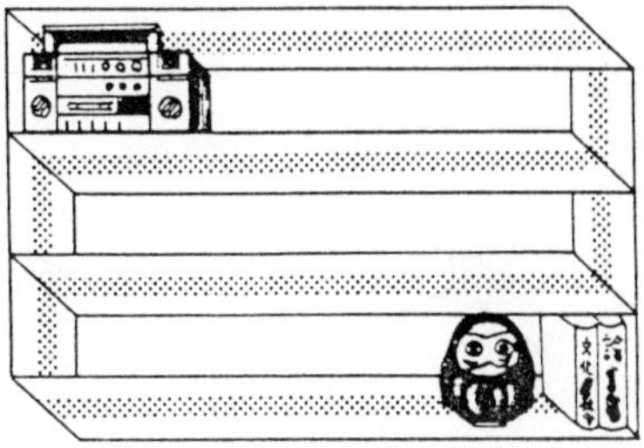

(2)

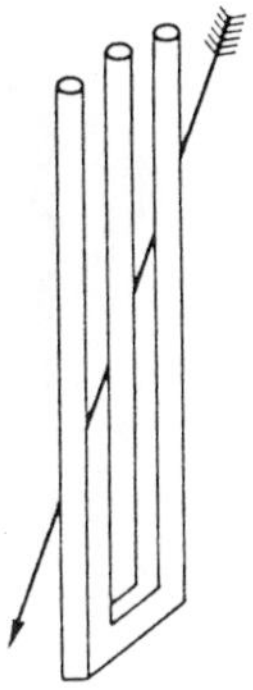

也會錯視為合理的景物。

以下再列舉數個範例吧！

上圖(1)的書架也是奇異圓形。依這個方式擺放物品時會漸漸擺不下去。

與這個圖形極為類似的有所謂的「梅必烏斯的圈帶」那是表面和裏面是同一個連續面，做為位相幾何學對象的空間圖形（Möbius band），相信有不少人認識這個著名的圖形吧！

另外，上面的(2)圖彷彿是三根圓柱的圖形，不過，如果注意圓柱下面就會發現其中的詭異。因為，圖的下方是呈底邊連接的兩條角柱。

如此一來，就不知道這枝劍到底是飛向圓柱的另一邊，還是往角柱的這邊飛來。

〈56頁的問題解答〉

(1)

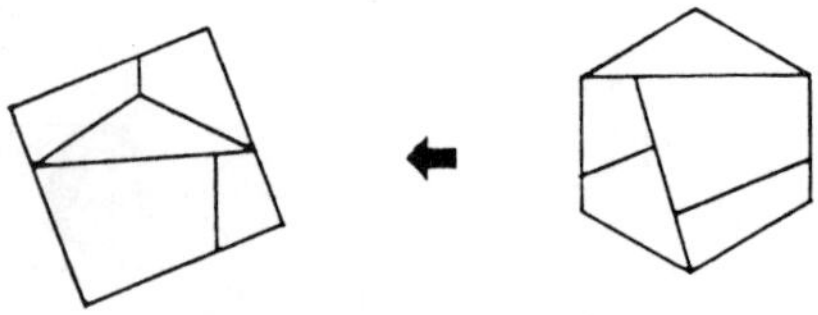

正六角形變成正方形

(2)

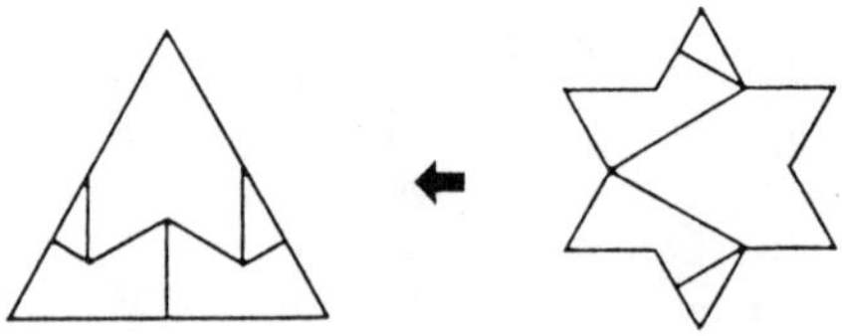

星形六角形變成二等邊三角形

TEST 3

向電子計算機挑戰！

某天的中午，C小姐在馬路上偶然碰見D先生。

C小姐向D先生打招呼時，D先生卻沒有任何表示，只從上衣口袋掏出電子計算機，按下107734的數字，讓C小姐看。

到底D先生想要向C小姐傳達什麼訊息呢？

ANSWER
3

把電子計算機倒轉過來看數字

〈解說〉

●你具有幽默感嗎？

D先生是想向C小姐說聲「HELLO！」，把D先生拿給C小姐看的電子計算機上的數字倒過來看時，就如左邊的⑴圖變成英文字母。

解開這個問題之謎的人數字能力強，也具備清晰的圖形、設計感。同時也充滿著幽默感，能將電子計算機等具有機能性的身邊道具做為遊戲使用的人。

搞不懂是怎麼一回事的人是腦筋死硬者，應該努力改變自己的視點去認識周遭的事物。

看電子計算機上所顯現的所有數字時，呈左頁⑵圖的獨特形狀。將之反轉過來看時，則成⑶圖的形狀。而⑶圖的電子計算機上的數字可以讀成如⑷表上的羅馬字母。

(1) hELLOI

(2) 1234567890.

(3) 倒轉 12Eh59L860.

(4)

數字	1	2	3	4	5	6	7	8	9	0
倒向計算機文字	1	2	E	h	5	9	L	8	6	0
羅馬字母	I	Z	E	h (H)	S	／	L	B	G	O

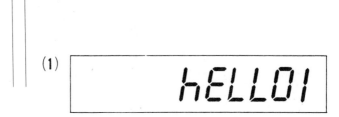

TEST 4

黑狗變白狗？

這裡有一隻如下圖的黑狗。
現在你是否可以不動任何手腳而能將這隻黑狗變成白狗呢？

ANSWER 4

不必白色顏料也能變成白狗！

〈解說〉

●「殘像現象」的神奇

首先請準備如一張左下圖的淡灰色正方形，在它的中央描繪一個黑點。然後專注地凝視這隻黑狗的白眼約二十～三十秒。然後再看淡灰色正方形中央的黑點。你一定會發現黑狗突然變成白狗了。

當凝視黑狗的眼睛時，為了避免視線岔開狗的白色眼睛，絕對不可移動頭或眼球。最好把圖畫放在桌上或固定之後再凝視。

這是所謂的「顏色的殘像現象」乃是一種神奇的視覺現象。當凝視黑狗的白眼一段時間之後，人眼睛的網膜會疲勞，而浮現相反的顏色。換言之，把黑點移到白色眼睛的位置時，黑狗就變成白狗。

可見人的視覺相當神奇又具有曖昧不明的一面。如果不知其中的奧妙，在現實生活中極有可能被眼睛所看到的事物所矇騙。

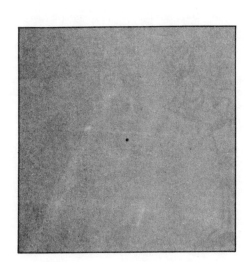

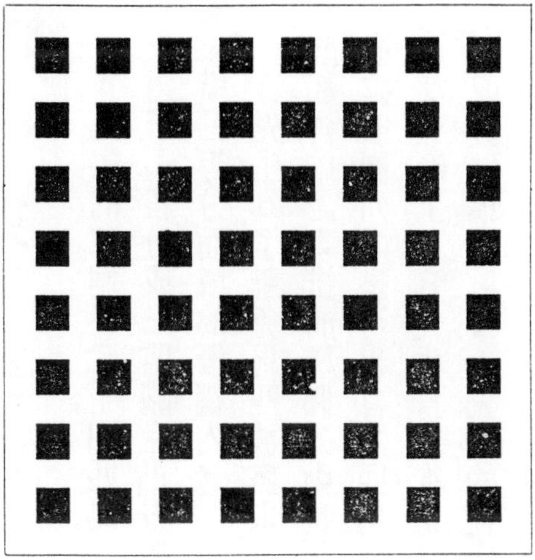

再舉一個類似的例子吧！

有一個如上面所示的黑白間隔的格子圖形。現在仔細地凝視這個圖形一會兒之後，在白格子的部份一定會出現灰色的影像。

這也是殘像現象之一，乃是因為黑與白的對比過強所造成。

TEST 5

如何盜取的？

A先生的家飼養二十四匹馬。如下圖所示，這群馬各分成三匹關在正方形馬廄中，縱、橫三等分而成的柵欄內。

A先生為了避免馬匹被盜取，每天晚上睡前都會確認直排的柵欄列中是否有九匹馬、橫排柵欄列中是否也有九匹馬。

某天晚上，B先生打算從這二十四匹馬中盜取數頭馬，潛入A先生的住處。

但是，他知道A先生平日都會檢查直排和橫排的柵欄內是否各有九匹馬。因此，他

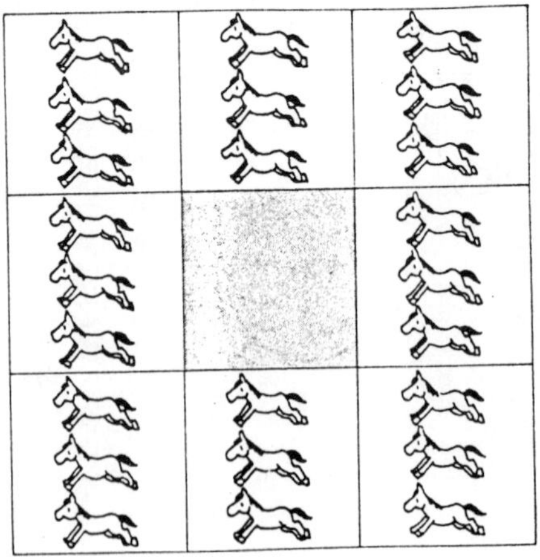

想到一個不被A先生察覺的盜取法，而盜走了四匹馬，但是，A先生經過數天之後仍然一無所覺。

這種事辦得到嗎？B先生到底用什麼辦法矇混A先生的耳目，盜走了四匹馬？

ANSWER
5

如圖所示改變馬匹的排列法

〈解說〉

●是否具有柔軟的構想力？

B先生依下面的方式盜走了四匹馬。

如下圖所示在直列、橫列的中央柵欄中只放一匹馬，而在四角的柵欄中改成四匹馬。

如此一來即可盜走四匹馬。而且，不論是直列或橫列的柵欄中，馬數剛好都是九匹，和以前沒有兩樣，因此，即使A先生每天晚上檢查馬匹數目，也一無所覺。

這乃是更改事物的編排順序，而矇混數字的增

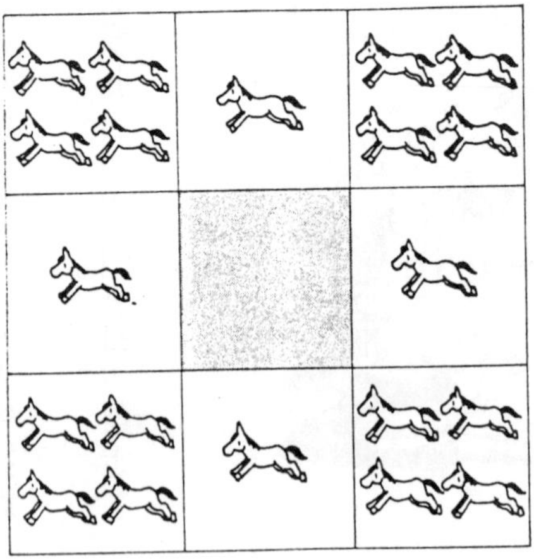

減的謎語，在歐洲或日本自古即有之。

即使看起來似乎辦不到的事情，只要改變思考的脈絡稍做腦筋的轉彎，即可找到解決問題的契機。

知道這題答案的人，是具有柔軟的構想力與靈感，也是具有數學感性的人。

有益的話題

★夏邦迪葉的錯視

我們來做一個有趣的錯視實驗吧！

走進一個漆黑的房內，只點亮一個小燈泡，然後專注地凝視著它。過了一會兒後，會覺得燈泡所散發出來的光閃爍不定。

不過，並非燈泡本身主動地搖晃的緣故。但是，當覺得光彷彿往右邊移動時，光影就真的開始移動到右邊，覺得似乎朝左側移動的時候看起來真的像是那個樣子。這是因暗示或期待所造成的一種錯視，這種神奇的現象，根據發現者的姓名而被稱為「夏邦迪葉的錯視」。

TEST 6

咦？不可以三等分嗎？

下面的理論正確嗎？

如果不正確請思考到底是為什麼？

「這裡有一個如左圖所示的一公尺長的繩子。現在想要把這條繩子三等分，但是，一公尺用3除時1÷3＝0.333……根本無法完全除盡。

所以，一公尺的繩子上根本不存在著三等分點。即使巧妙地把它們折成三等分，其長度也是33.3333……4公分、33.3333……2公分，一定會在最小的長度單位上產生誤差，所以，並非正確地做了三等分。

因此，一公尺的繩子不可能做正確的三等分。

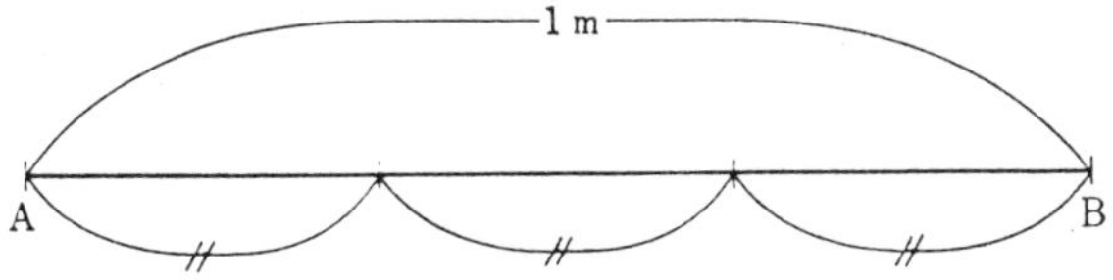
1 m
A
B

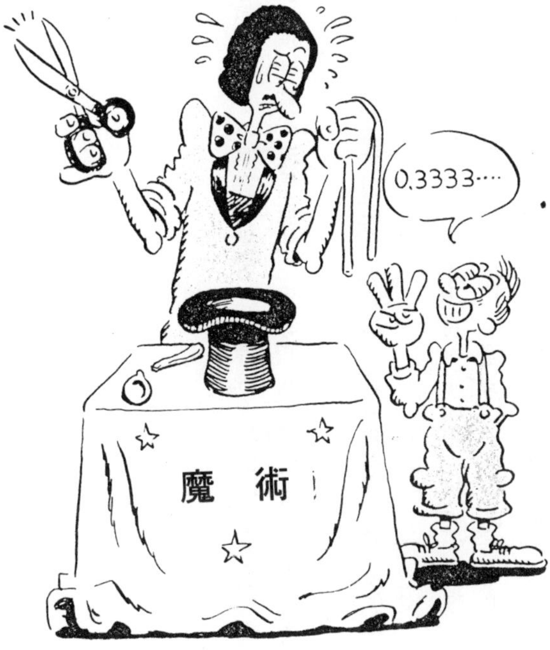
0.3333….
魔　術

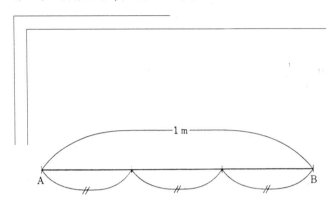

ANSWER 6

可以三等分

〈解說〉

●你是否容易上當？

題目中的理論似乎顯得通情達理。但是，事實上是可以三等分。如果拘泥於公尺或公分的單位乃是十進位法的觀念，就不得其解。深信無法三等分的人，是很容易受固有觀念所束縛，碰到陷阱立即上當的人。

那麼，如何證明這一公尺的繩子可以做三等分呢？能夠證明的人具有遊刃有餘的構想力，數學的感性也出類拔萃。

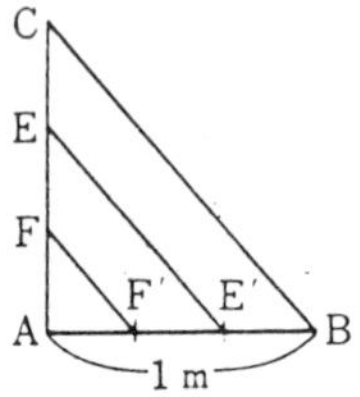

首先，如上圖所示在與ＡＢ的繩子垂直，可以用三除盡的長度上取一個Ｃ點。ＡＣ線的三等分點設為Ｅ、Ｆ。連接Ｃ和Ｂ的直線，再由Ｅ和Ｆ點往ＡＢ線上畫下與ＢＣ線呈平行的直線。這兩條直線與ＡＢ線的交點上設為Ｅ′、Ｆ′。這個Ｅ′、Ｆ′正是一公尺的繩子上的三等分點。

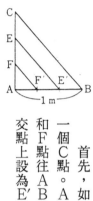

TEST 7

那一個才是正確的正方形？

下面的⑴圖是在數個並排在一起的同心圓上畫下一個正方形。

而⑵圖則是在數個並排而成的正方形上再畫一個正方形，不過，總覺得有些奇怪。

到底那一個才是正確的正方形？

(1)

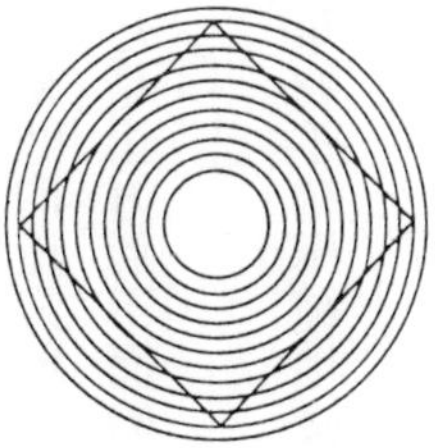

(2)

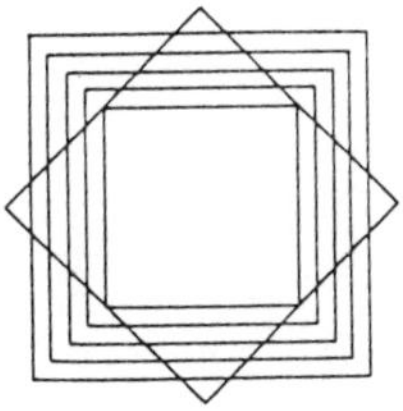

ANSWER 7

⑴和⑵都是正確的正方形

〈解說〉

●為何圖形顯得歪斜？

這個問題和測驗2一樣，是屬於錯視圖形的問題。前頁⑴的正方形和⑵的正方形並沒有任何不對。不過，它們雖然都是正確的正方形卻顯得有些歪斜。這乃是正方形下面的數個排列在一起的同心圓或正方形的線條，所造成的視覺扭曲。

察覺這個錯視把戲的人，具有相當的注意力與觀察力。同時，對事物不會單純地接受，而會揣測隱藏在其內側之謎的人。

在心理學上尚未闡明這類圖形何以顯得歪斜的緣故，但是，希望各位讀者謹記在心的是，人的視覺其實是模稜兩可、曖昧不明的。

TEST 8

那一個圓較大？

下面有如圖所示的①②③的三個圓。
①的圓和②的內側的圓，那一個較大？
另外，②的外側和③的圓，那一個大？

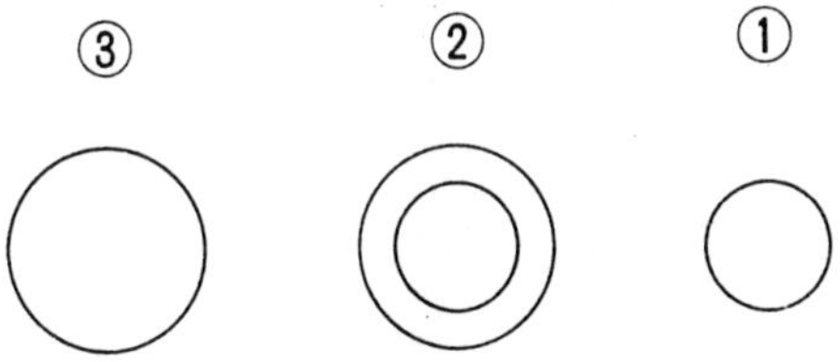

ANSWER 8

都一樣大

〈解說〉

●你是屬於疏忽型或慎重型

問題①的圓和②內側的圓乍看之下似乎是②內側的圓較大。但是，實際上兩者是一樣大的圓。

另外，②外側的圓和③的圓比較起來，③的圓顯得較大，其實它們也是一樣大的圓。一個圓在其外圍再畫一個大圓時，會使內側的圓顯得較大，而一個圓的內側再畫一個小圓時，則會使外側的圓顯得小。

這也是錯視圖形的代表問題，能立即察覺這些圓的大小相同的人，具有相當的觀察力，會仔細地審視事物。相反地，被這些圖形所欺騙的人，個性多少有些疏忽吧！

筆者反覆再三地強調人的視覺是曖昧不明的，所以，在我們的日常生活中應該常會碰到這類利用錯視的陷阱。

以下再列舉數個錯視圖形的有趣範例。請仔細看看那一個較大。

(1)圖的A圓中的數字3和B圓中的數字3比較起來，B的3是否顯得較大？

(1)

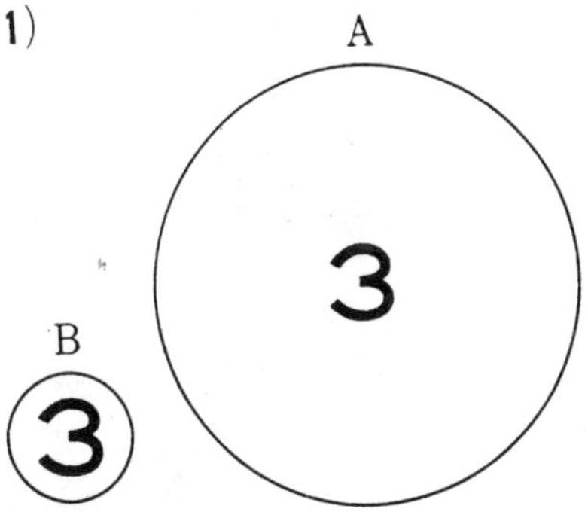

(2)

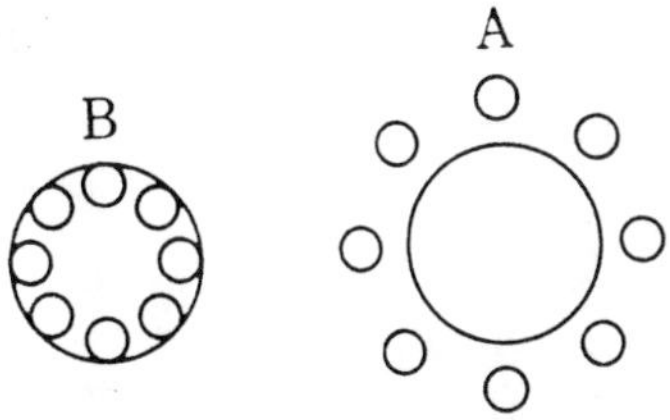

(3)

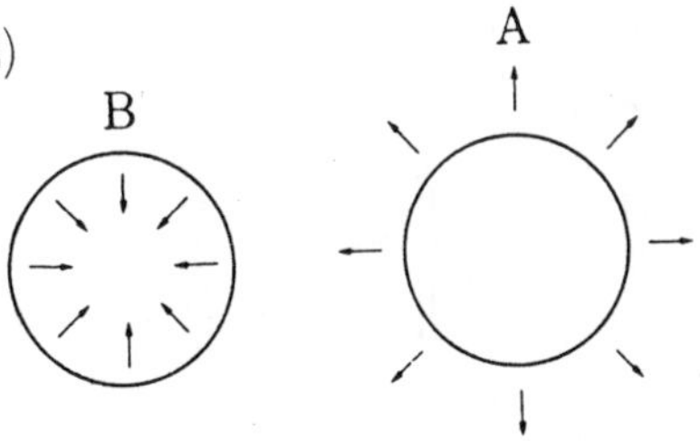

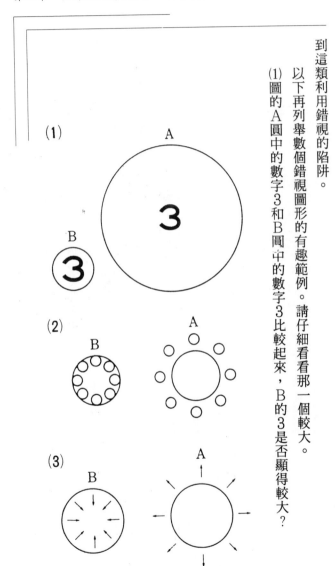

如⑵圖所示，在主圓的外側排列小圓的A，和在主圓的內側排列小圓的B，比較起來那一個顯得較大呢？

應該是A顯得較大吧！

同樣地，⑶圖的A和B也是A圓顯得較大。

但是，這些圓其實都是一樣的大小。

有益的話題

★人最大的錯視是「對月亮的錯視」

我想各位讀者經過前面的各項測驗應已充分地瞭解我們人類的視覺極不牢靠，而對人類而言最大的錯視據說是「對月亮的錯視」。這是指同樣大小的滿月高掛在天空上時，與位於與地平線交錯之處的滿月比較起來會使人覺得接近於地平線上的滿月較大的現象。

古代希臘的哲學家亞里斯多得也想解開這個謎底，但是，直到今日仍然沒有決定性的說明。一般認為也許是觀看者的暗示或期待所造成的心理反應。

TEST 9

測驗你的腦力

這裡有如下圖所示的三本同樣的書。

但是，據說這三本書中有一個奇怪的地方。

到底那是什麽？

ANSWER 9

中央那一本書不對

〈解說〉

●你的注意敏銳嗎？

請仔細看中央那一本書。唯獨中央那本書表皮上的「教育史」的文字變成「數育史」。「教」和「數」的字形非常相似，因此，應該有許多人沒有察覺其中的差別吧！

是否有人懷疑書本的厚度不同或大小不一而拿著尺仔細地比對呢？這種人似乎對任何事顧慮周全，而事實上是很容易疏忽重要部份的人。

立即找到這個問題答案的人，是具有敏銳的注意力，能仔細地思考事物。

同時，精神處於安定的狀態，即使是日常司空見慣的事物，也不會被既有的先入觀束縛的人。

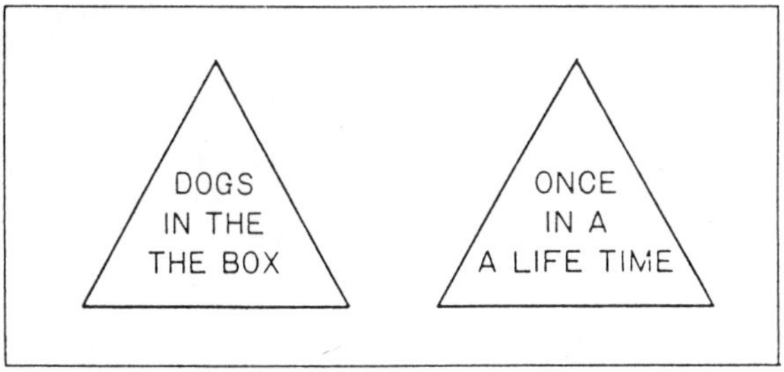

再舉一個應用問題。上圖三角形中所寫的英文字有一個地方不對。到底是什麼？

發現其中錯誤的人注意力極強，不會受固有觀念所束縛。

事實上這三角形內的英文字中寫了兩個冠詞。

平常越是常與英文接觸的人，越難以察覺其中的錯誤。但是，不習慣使用英文或不擅長英文的人，由於會逐字地檢查英文的單字，而意外地能盡早發現其中的錯誤。

由此可見人認為日常熟悉的事物一定錯不了，在這個固有觀念的誘導下，如果缺乏注意力很容易做了錯誤的判斷。這些疏忽在我們日常生活中很可能造成意外的重大過失，因此，必須努力培養自己的注意力。

TEST 10

不要陷入迷宮內

這裡有二個乍看下似乎一樣的A和B的迷宮。但是，這兩者間有一個決定性的差別。那到底是什麼？

A

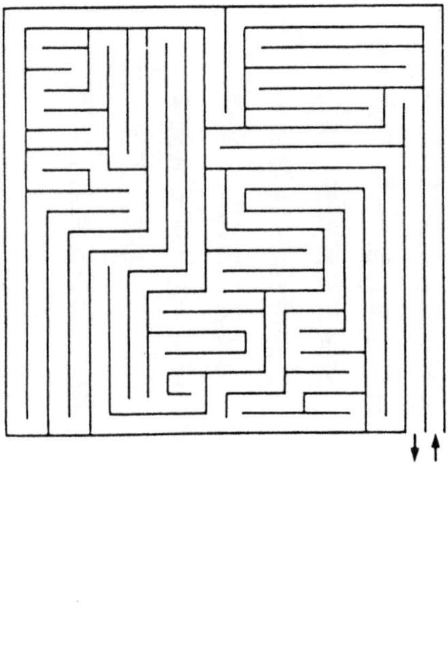

B

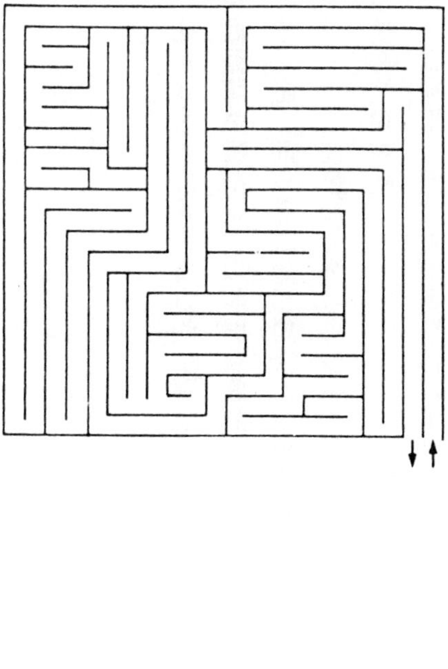

ANSWER 10

B不是迷宮

〈解說〉

●是雅典型或直覺型？

如果拿這個測驗向朋友或家人出題，對方的反應應該會分成下列兩種類型。

①實際用鉛筆或指頭循著迷宮前進，以解開謎底的人。

②並不直接解開迷宮之謎，而只憑視覺印象揣測各種答案的人。

也許其中甚至有人說：「這種圖形怎麼看得懂啊！不是完全一樣嗎？」而立即下結論，這種人也可以說是屬於②的類型吧！

另外，也可能有人想到利用「把這兩個圖形各自拷貝在薄紙上，再將拷貝成的兩張薄紙重疊對照」的方法，並付諸實踐。這個情況則屬於①的類型。

總而言之，①的類型是屬於堅實派，②的類型則是屬於利用直覺判斷事物的直覺派。

但是，如果再深入地分析，可能會有人認為「這兩個圖形只憑視覺判斷並不容易」。而根據這個直覺，實際地用指頭循著迷路解答的人，這種人應該說是能巧妙地應用直覺並堅實努力的類型。

其實想到「如何才能解開謎底？」的方法，本來就是一種「直覺力」，而不論問題的來龍去脈，只隨意揣測答案的方式，並不值得效法的思考模式。

這兩個迷宮的決定性差別，如果不實際地走進迷宮內尋找答案是難以發現的。A圖是極為普通的迷宮，但是，B圖從入口到出口之間，並沒有一條令人不知往何處前進而猶豫不決的叉路。換言之，B圖並非所謂的「迷宮」，只不過是「曲折彎曲的一條馬路」。

那麼，A和B的圖中實際上的差別在那裡？請在次頁實際地用手指沿著兩條迷路指出其中的差別。

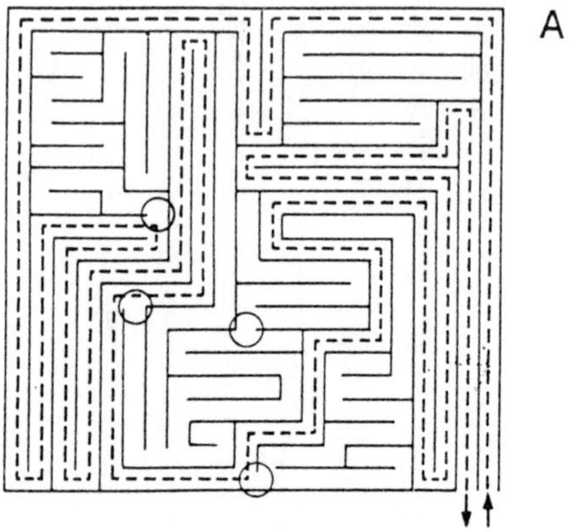

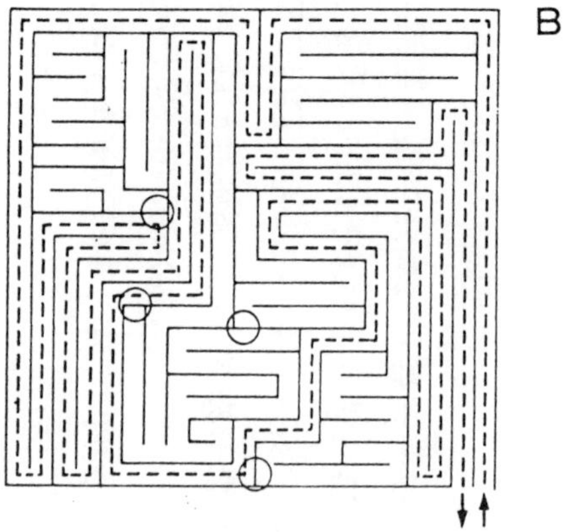

A和B的差別如圖中小圓所示，B圖內有牆壁，而A圖內沒有牆壁，因此，B圖中並沒有令人搞不清楚方向的迷路，因此並非迷宮。

心理學講座②

人的性格到底是什麼？

我們人對自己似乎非常了解，也有連自己本身也感到納悶之處。「人的性格」——這個令人捉摸不定的東西到底是根據什麼、如何塑造而成的呢？

英語表示「性格」的單字是「Personality」這個語詞是取自拉丁語的「persona」。而「persona」是指希臘的野台劇中所使用的假面具。換言之，並不具實地暴露自己天生具有的臉孔，而帶著假面具扮演另一個自己，就是「人格」。

在人的性格分類中極為著名的是克雷基瑪，根據人類體型與氣質之間的關連而研究的體型類型學。根據這個學說，人的體型可分為細長型、肥胖型、鬥士型三種，而細長型具有分裂氣質、肥胖型是躁鬱氣質、鬥士型是癲癇氣質。另外，優格的性格類型也相當聞名，他把人類的性格大致區分為外向與內向兩種類型。而在此則以另一個新的分類法來說明人類的性格。

　首先，以人的特徵來區分，若是喜怒哀樂時的表情誇大，則是**感情型**，相反地，喜怒哀樂鮮少形於色的人，則是**非感情型**。接著再調查行動力旺盛與否。

　如果是富於行動性、容易表現內在感情的人，則屬於**行動感情型**，雖然非行動派卻容易表露內在感情的人，則屬於**非行動感情型**，如此即分成四個基本類型。

人的性格——其八種類型

- 感情型
  - 行動感情型
    - ①積極行動感情型（猛烈型）
    - ②消極行動感情型（陰晴不定型）
  - 非行動感情型
    - ③積極非行動感情型（悶悶不樂的慎重派）
    - ④消極非行動感情型（浪漫主義者）
- 非感情型
  - 行動非感情型
    - ⑤積極行動非感情型（現實家）
    - ⑥消極行動非感情型（樂天派）
  - 非行動非感情型
    - ⑦積極非行動非感情型（有氣無力型）
    - ⑧消極非行動非感情型（形式主義者）

然後再往下區分為經常表現這種特徵的人為**積極型**，偶而才出現這種特徵的人為**消極型**，結果可以分類為前頁表格所示的八種人的類型。以下來分析各個類型的性格吧！

⑴**猛烈型**（**積極行動感情型**）

主動順應他人的人情家。為他人而犧牲奉獻。凡事討厭半途而廢，自尊心強，一般是屬於保守型。

⑵**陰晴不定型**（**消極行動感情型**）

在初次見面時可能受人歡迎，卻多半令人討厭。心情有高有低，會因一點小事而動怒或志得意滿。

⑶**悶悶不樂的慎重派**（**積極非行動感情型**）

心情起伏不定，優柔寡斷欠缺決斷力。也缺乏活動性，話中藏有虛謊。是屬於口舌辛辣的辯才、批評家，常有自卑感、不滿。

⑷**浪漫主義者**（**消極非行動感情型**）

容易興奮，卻因為內向而鮮少將感情表露在外。是屬於將秘密隱藏在內心的孤獨型。只會和少數人持續誠心的交友關係。

(5)現實家（積極行動非感情型）

仔細思考後而行動的類型。警戒心強，YES、NO極為明確。自我為中心，不順遂己意則不滿意。

(6)樂天派（消極行動非感情型）

不會往壞處想而悶悶不樂，一切由形勢成之。憑靈感而行動、決斷快，然而卻具有事後後悔的輕率一面。

(7)有氣無力型（積極非行動非感情型）

凡事仰仗他人的虛無主義者。YES、NO模稜兩可，無感動又無目標，他人不懂其內心事。具有自暴自棄、對工作不負責任的懶散的一面。服裝也邋遢不整。

(8)形式主義者（消極非行動非感情型）

躲在自己的象牙塔內不表現真正的自己。凡事都是形式主義，清楚地區別工作與私生活。要花費頗長的時間才能與人融洽地相處。

以上概略地說明了八種人的類型的性格。如果能夠理解這些性格的差異再與人接觸，人際關係應該會更圓滑、順利。

第三章　從行動模式的法則窺視對方的心理

步行、端坐、等候、飲食etc——本章是從人的日常生活中的基本行動來探討「對方的心理」。若能稍微留神地觀察，必可出乎意外地掌握對方的心理。

TEST
1

吝嗇鬼從那個部分開始動筷？

據說小氣吝嗇無與倫比卻因而成為巨富的王大剛正在用餐。

今天晚上的主菜是鯽魚的醃燒，你猜他會先從那個部分動筷呢？

ANSWER 1

魚尾

〈解說〉

●從魚尾開始動筷的人是小氣吝嗇型

據說從前的錢莊在借錢給他人時，會先拿出數個糕點來招待顧客，根據對方最先動手拿那個糕點來判斷其人的金錢觀。

如果一開始即伸手拿大塊糕餅的，可能是個虛擲浪費的人，因此判斷最好不要借錢給這種人。

據說其中也有人把主人端出來的糕點放進口袋裡，當做禮物想帶回家，錢莊老板反而認為這種人「將來必成大器」。表示歡迎。

吝嗇精神如果發揮到這種地步倒也無可厚非了。

因此，同樣地我們也可以根據吃魚的方法來判斷一個人的金錢觀。

具體上大致可區分為下列四種吃法（箸筷法）。

(A)從魚頭開始動筷的人

好吃的先動手……無意識中表現這種觀念，想要的東西硬要得到手的積極類型。但是，卻非浪費家，而具有確實地做好計劃再大量採購的傾向。

(B)從魚尾開始動筷的人

小心謹慎。不論購買任何東西絕不會被低廉的價格所誘惑，會仔細考慮之後再做決斷的類型，有時不僅自己吝嗇，對他人的支出也會干涉。

(C)從魚腹開始動筷的人

並不太在意金錢的問題，任意揮霍的類型。尤其是對於飲食和服飾毫不吝惜。很容易衝動購買，往往在大拍賣的促銷活動中胡亂搶購，而買回粗劣品。

(D)在魚身上到處動筷的人

胡亂揮霍，無法自己管理金錢的浪費家。沒錢時感到不安、有錢時則得意忘形的走一步算一步的類型，如果是上班族就是每月在發薪之前口袋已空空如也的人。如果借錢給這種人事後的追討相當棘手。

因此，應該可以想像一毛不拔的王大剛的吃法是(B)吧。

當然，為了慎重起見在此附帶一提的是，這個類型的人並不見得一定可以成為像王大剛一樣的巨賈富商。

相反地，有時打算貫徹吝嗇精神，手頭上卻無法積蓄錢財的，就屬這種類型。真正具有賺大錢資質的，應該是具有計劃性，「當用則用」的(A)類型人。

在大實業家中也有許多人認為飲食法是獲知該人性格，或將來性的重要線索。最著名的是洛克斐勒一世。據說他會邀約部屬一起共餐，觀察他們的飲食法而判斷其品性。

TEST 2

牛排吃法教室

這裡是某家牛排館的店內。四位顧客幾乎在同時開始吃同樣大小的豬排。您現在所看到的是他們吃後三十秒的景況。

那麼，你認為最早吃完豬排的是誰？

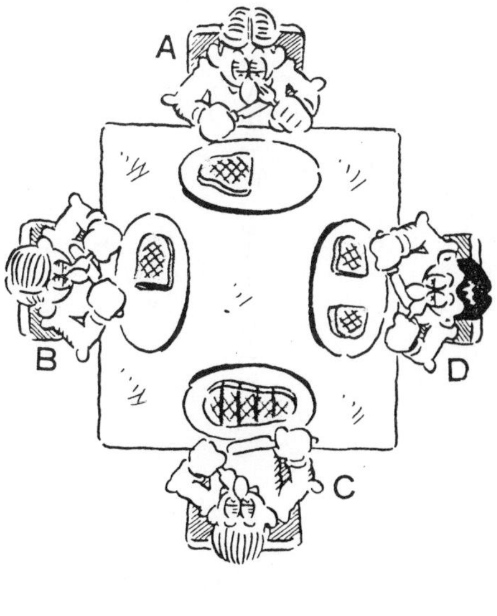

ANSWER 2

C先生

〈解說〉

●關鍵在手邊

請注意這四位顧客的雙手。

您是否發覺到每一個人切豬排的方式各不相同。由A依序是這樣的切法。

A、從左側切起，一塊一塊地吃。

B、由右側切起，一塊一塊地吃。

C、一開始即將整塊豬排切成小塊。

D、先切開中間的一大塊，從中間開始吃。

切開牛排或豬排的方式，也會清楚地反映個人不同的性格。

A的人可以說是最普遍的類型，不過，個性有些頑固，非常重視形式或前例。

B的人是個性溫和、性情和善的人。在人際關係上是屬於經常與對方配合的類性。

C的人是討厭麻煩，想要的東西沒有立即得到手則會心浮氣躁的類型。

D的人雖有自我為主、任性的一面，卻也是富有行動力的「才幹」，可能是所謂老大型的人物。

因此，我們可以想像將整塊豬排先切成細塊的C先生，因為其個性急躁、牽強的態度，可能最先將豬排吃完吧！

咦？這個答案也有點牽強嗎？

TEST 3

你是老煙槍嗎？

這裡是拒煙派的人看到後會眼花撩亂的煙霧瀰漫的會議室。湊巧的是一群老煙槍的年輕職員正在這裡大談闊論。

姑且不論他們議論的內容如何，請根據他們的態度來揣測各個人物的性格或心理狀態。

請替A～F的人從下面的說明中選擇最適當的說明。

①自我本位、相當懶散的類型。經常遺忘東西的粗心大意者。

②神經質、操勞性。如果前天晚上夫婦吵架，翌日一整天即精神不振的類型。

③攻擊性、不服輸。最喜歡在雞蛋裡挑骨頭的諷刺者。

④最近似乎狀況欠佳，失去自信。

⑤敲石橋後卻不渡橋的慎重派。由於猜疑心強，容易形成孤立。

⑥鬥志高昂、具企圖心。被看好是具有光明前程的主管候選人。

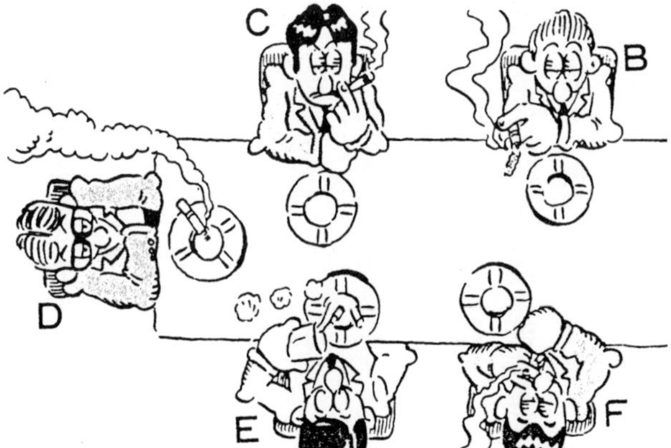

ANSWER
3

①…D
②…E
③…A
④…B
⑤…F
⑥…C

〈解說〉

●請注意香煙吸法、掩熄法！

「想抽煙」雖然不足為奇，卻也稱得上是一種「慾望」。

因此，抽完香煙的行動中會具實地暴露該人對一般慾望的態度。

一般而言，從事公務人員或銀行職員等「刻板」職業的人，將煙蒂丟在煙灰缸上時也非常循規蹈矩。其中甚至有人把煙蒂並排得井然有序。

相對地，從事媒體關係等自由度較高的職業的人，對煙蒂的處理方式就顯得雜亂。

像D一樣擺在煙灰缸上的香煙仍然青煙裊裊的人，甚至不會把煙蒂完全地熄掉。這種類型者對金錢毫無管理的概念，同時會一五一十地表露自己的感情，很容易受人嫌棄。

相對地，**利用茶杯的水將煙蒂熄火的E的人**，是屬於神經質類型，由於過度顧慮他人的作為而容易蒙受損失。

用腳踩熄煙蒂、動作極不雅觀的Ａ的人，是屬於虐待狂的類型，動輒喜歡扯他人後腿。

至於其餘三人現在仍然抽著香煙，不過，根據其抽香煙的方法仍然可窺視其性格。

像Ｂ一樣沒有發覺香煙上的灰燼已變長的人，首先可以想到可能正處於專注地思考某事的狀態，不過，當身體狀況不佳、思緒混亂時也會出現這種模樣。

像Ｆ一樣煙屁股幾乎燒到嘴巴仍然叼著不放的人，是屬於小心謹慎、很難敞開自己心胸的孤獨型。很容易受他人誤解，在採取行動之前思慮過多而耗費時間，因而很容易錯失良機。

像Ｃ一樣用嘴角叼住香煙而稍微朝上的人，會使出全副精力投注在一件工作上。雖然有過於自信的一面，卻能以天生的戰鬥心突破糾紛，是指日可待的人物。

TEST 4

啊！我醉了……

在商場上與人接觸時最容易發生問題的，乃是在有酒精為伴的場合。有些人一旦黃湯下肚彷彿判若兩人，而有人會酒後吐真言。

一般而言酒宴上彼此之間會舒緩緊張的情緒，因此，酒宴有時的確有助於促進商業活動的進展。

在此我們根據飲酒後的態度來判斷該人在工作上或與人相處上是否是值得交往的好人。喝酒後的態度大致可區分為以下所列舉的九種類型。這當中大概可以結交為朋友，而不會發生問題的是那一種類型？

①話多的人。

②動作變得活潑的人。

③意志消沈的人。
④嚎啕大哭的人。
⑤喜歡吃女性豆腐的人。
⑥與平常沒什麼兩樣的人。
⑦喜歡唱歌的人。
⑧立即動粗吵架的人。
⑨睡覺的人。

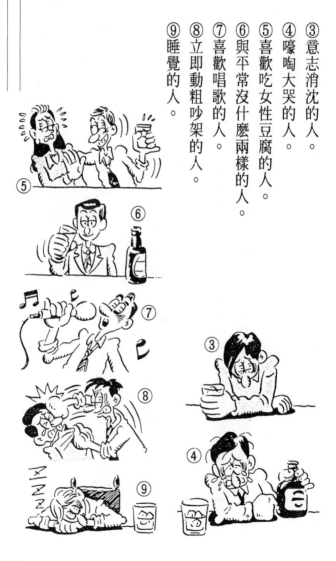

ANSWER 4

①⑦⑧的人可以交往

〈解說〉

●平常所掩飾的真面目？

飲酒之後有些人整個變了樣，而有些人則依然固我。一般常見的景況是話變多、突然變得活潑起來。如果注意觀察開始喝醉時的狀態，就可以判斷該人是否是個好人。

①話多的人

平常沈默寡言的人，一旦喝酒後即變得囉哩囉嗦，乃是對平常的人際關係過於緊張的緣故。但是，這種人一般是禮儀端正的人。性格一絲不苟、任勞任怨的耐性極強。對長輩或年長者態度恭謹，對女性也相敬如賓。人際關係上大致沒有問題。

②動作變得活潑的人

喝酒之後動作變大、變靈活的人，性格上具有強烈的反叛性，慾求不滿。討厭受束縛，這乃是無論如何必須讓自己配合他人的狀態一再持續時所造成的現象。同時，自卑感極強，對同事或前輩帶有不滿。

③意志消沈的人

平常活潑又具行動力的人、攻擊性的人、樹敵多並強行執行自己構想的人，一旦內心有心事時常會變成這種情況。

做任何事都能順遂己意，然而相對地卻常感到不安。多半渴望改變自己目前的生活。平常神采奕奕地工作的人，突然變得意志消沈，從心理學的觀點來看是極為危險的徵兆。

④嚎啕大哭的人

熱情家、浪漫主義者。一旦喜歡某女性時會熱烈地追求，無法壓抑自己的感情。同時，可能平日踏實地努力並以誠待人，卻經常不得以承受被背叛的不滿。喝酒後容易落淚，多半是對性的慾求較強的男性。

⑤喜歡吃女性豆腐的人

性衰退或無法紓解自己慾求的人。或者金錢方面產生問題，在工作上必須做自己不願意做的事情而感到不滿時，常有這種動作。這些人多半是中小企業的董事長或平常從事緊張度較高的男性。

⑥與平常沒有兩樣的人

飲酒後很難將真正的自己表露出來的人，是過去曾因酒造成失敗或對自己的缺點抱著過度的警戒心。

⑦喜歡唱歌的人

具社交性、樂善好施，能淸楚地劃分公、私生活的類型。具有將來性，值得倚賴、不畏失敗而充分地發揮自己的技術或特性，以配合工作的人。不論是在工作上或人際關係上都是春風得意的人。

⑧立即動粗吵架的人

有些人因醉意做祟而有動粗的舉止，或向在座者發牢騷的舉動。這種類型的人耐力極強，屬於行動型。運動員常有這種舉動，酒醒後會虛心地道歉。彷彿要酒瘋時毫無意識一樣。雖然令人驚訝平常那麼認真、老實的人何以喝起酒來變化如此之大，不過，與這種人交往並不會發生問題。

⑨睡覺的人

有些人喝起酒來立即昏昏欲睡，或雙手環抱在胸前開始打瞌睡。多半是內向性格、意志薄弱的人。是屬於經常迎合衆人的「YES MAN」。與女友交往時可能因父母的反對而失去持續的勇氣。同時，過於老實而缺乏魄力。不過，對女性而言，是很容易操縱在股掌間的類型。

綜合以上的判斷，①話多的人、⑦喜好唱歌的人、⑧立即動粗吵架的人等三種類型似乎在人際關係上較無問題。由此可見，喝酒後變得開朗、活潑的人似乎比變得黯淡、消沈的人好。

有益的話題

★喜好啤酒的男性的性格？

根據美國的社會調查研究所的調查，據說啤酒是潛在性地表示「精神鬆弛」。喜好啤酒的男性心無警戒，能坦率地向對方表現自己。不矯柔做作、也不愛慕虛榮的安全型。

不過，對於崇尚名牌的男性可要注意。即使是平凡無奇的啤酒也潛藏有主張自我的心理。喜好外國啤酒，尤其是德國啤酒的人是想誇示自己比其他男性更為優越。而喜好黑啤酒的人，多半是嚮往強壯體力或剛強性格。

TEST 5

根據所坐的位置決定將來？

身為某公司董事長的你，在如圖所示的會議桌上舉行會議。你自己本身當然是坐在中央的位置。除了你之外還有下列的部屬，如果不指定座位，讓個人自由入席，這些部屬各會坐在那個位置？請預測看看。

①平常忠厚老實，不過，偶而會發揮令人刮目相看的實力。
②沒有太大野心，中等的地位即感到滿足的類型。是你僅次於④的部屬的輔佐者。
③現在最走紅、具有高昂的企圖心的部屬。
④是輔佐你的心腹。

⑤公司裡的異議份子。雖然有野心卻因為常有失策的行動、言行而蒙受損失。

⑥乍看下顯得老實，卻是覬覦良機到來而飛躍龍門的人。

⑦安全第一主義者，自己的生活勝於工作的類型。

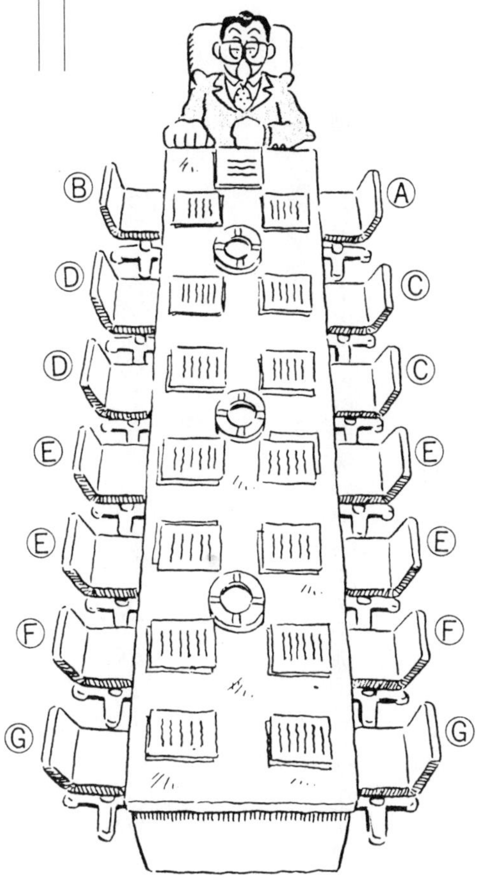

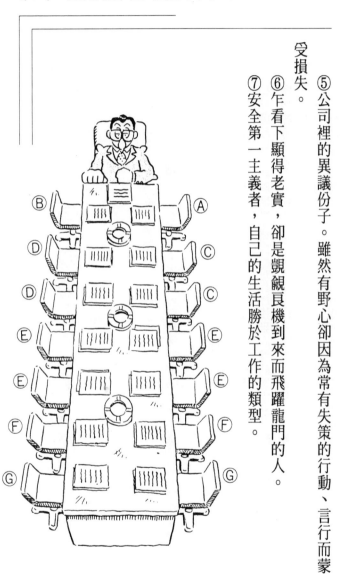

ANSWER 5

①…Ⓓ
⑦…Ⓔ
②…Ⓑ
③…Ⓒ
④…Ⓐ
⑤…Ⓖ
⑥…Ⓕ

〈解說〉

●人際關係與會議室中的位置關係

工作上的心腹俗稱「左右手」，不過，以會議室裡的座次安排而言，坐在左側的人較具有份量感。

另外，與某人的立場「接近」的人，在物理上也會坐在靠近其人的位置，相反地，志不同道不合的人，越會坐在偏離會議中心（亦即身為董事長的你）的座位。

如果您謹記以上的原則應該可以輕易地找到右邊的答案吧！附帶一提的是，如果不明白其中奧妙的新進職員，糊里糊塗地坐在A的座位上，事後一定會被上司指責是「不上道的傢伙！」而被罵得狗血淋頭。

另外，根據座位的選擇法也可以分析各個在座者的金錢觀。

坐在A座位的人，是在緊要關頭能一躍成為領導人、具有實力的人物，能以沈著冷靜的態度從各個角度分析問題，在重要的關鍵發揮令人訝異的行動力。換言之是屬於「賺錢的行家」的類型。

坐在B座位的人，在金錢方面也可以說是正統派的類型。對於賭博或有些勉強的賺錢機會並沒有太大的興趣，不過，如果一時疏忽接觸期貨商品恐怕會有大失敗。

坐在C座位的人，是個智多星，對賺錢的秘訣瞭若指掌的類型。不過，如果沈迷於賭博恐怕會命喪黃泉。

坐在D座位的人，是會思考任何人都想像不到的賺錢方法的類型。在其忠厚老實的外表下潛藏著「不服輸」的精神，如果在業績上落後於同事，必定奮發圖強急起直追。

坐在E座位的人，只會在固定的窠臼裡鑽營的類型。不過，有時也會在正業之餘從事某種副業而大獲利市。

坐在F座位的人，在金錢方面也是屬於一決勝負型，高低起伏非常激烈。

做在G座位的人，如果內在的野心能朝好方向發展，則是具有朝大目標努力而成為大富的實力，不過，也具有將錢財無止境地浪費在酒色上的危險性。

TEST 6

使會議順利進行的妙計

B公司把會議室裡的會議桌從原來的長方形改成圓形。

「如果是長方形會議桌，參加會議的人往往會擺出針鋒相對的態勢。我希望能在圓滿的氣氛下讓任何人都能輕鬆地發言。」

這是董事長的建議。不過，實際舉行會議之後，由於每個人都肆無忌憚地暢所欲言，而往往得不到結論。

「至少讓主席坐在特別的位置，使會議能順利地進展，但是，有沒有什麼好方法呢？」

「董事長，這個想法雖好，然而在圓形的會議桌上難以決定誰是一座之主，除非又變更會議桌的形狀……。」

「不，一定有什麼辦法……等一下！嗯，對了。我想到了維持圓桌的形狀，卻能讓任何人一看就知道主席是坐在會議桌中心的辦法了！」

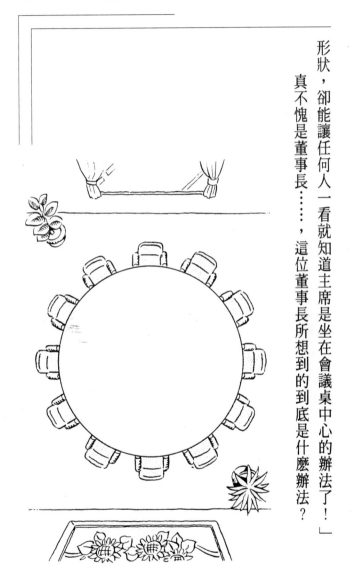

真不愧是董事長……，這位董事長所想到的到底是什麼辦法？

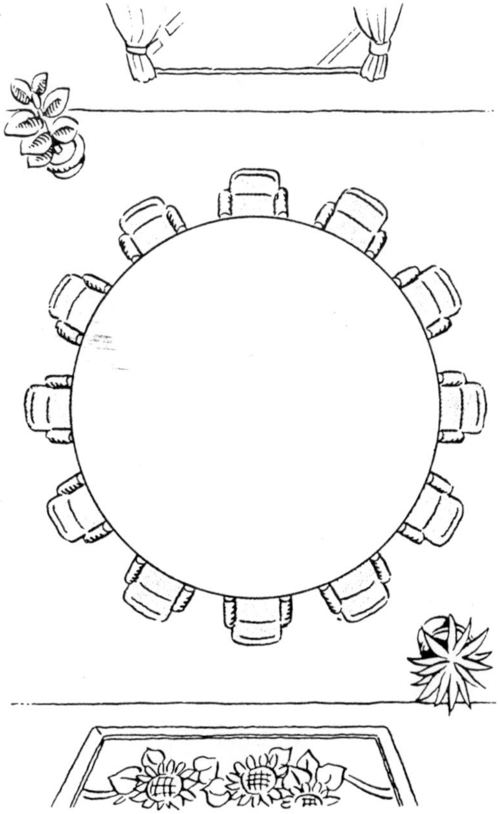

ANSWER 6

只要凸顯其中一人使其引人注目

〈解說〉

●在圓桌上也能設置「主席席」

　只要在圓桌上的與會者中凸顯其中一人，使其擔任主席掌握主導權，即可使會議順利地進行……。這看起來似乎並不容易，然而如圖所示，只要將主席兩側的座位空一個（以上）席次，就可以輕易地實現。

　若是這種座次，與會者可以彼此自由地發言，同時，主席在必要的時候也能掌握會議進行的方向。實際上這也是經常被採用的方法，各位謹記在心必有好處。

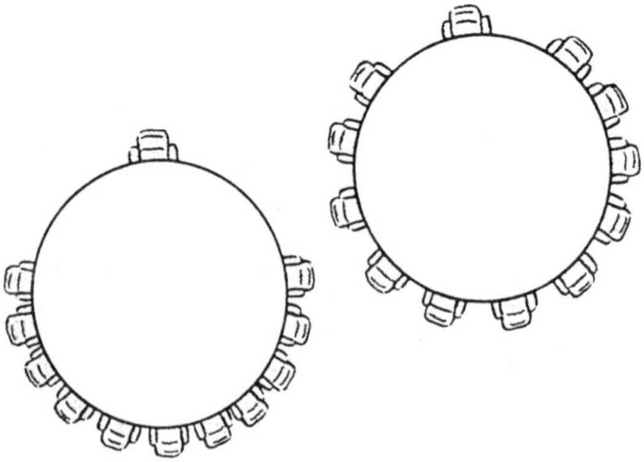

TEST 7

名偵探X先生的推理①

擔任偵探的X先生前往某酒吧探聽。他掏出一張照片給店裡的媽媽桑說：

「妳看過這個人嗎？」

「哎喲，今天來的客人當中就有一個長得這副模樣！那個人看起來像是乖桀不馴的一匹狼，別的客人向他打招呼也懶得回應呢！」

「喔，他坐在那個位置呢？……啊，不，讓我猜猜看。那個男人所坐的位置是這裡吧？」

「嘿——你還真有一套啊！」

各位，X偵探所指的座位是那一個？

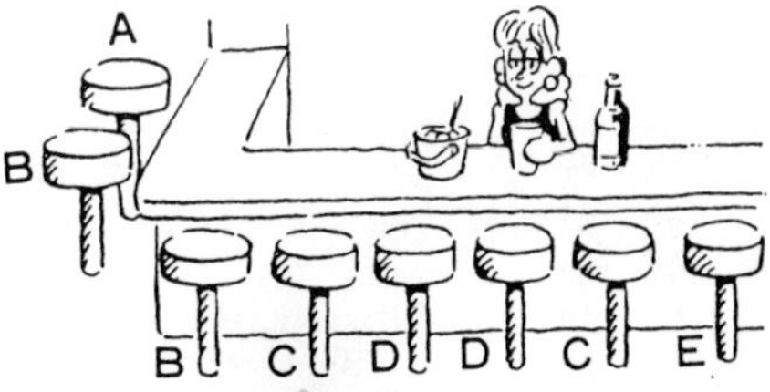

ANSWER 7

A的座位

〈解說〉

●座位也會暴露性格

在酒吧或速食店的櫃台，根據顧客喜好坐在那個座位，即能發現該人的社交性、與人交往的特徵。

A的座位……這種角落的座位是不喜歡與大家胡鬧起鬨，而喜歡自己無拘無束地躲在自己的象牙塔內的人，所選擇的位置，因此，平常喜歡坐在這個位置的人，是屬於個性乖桀不馴的人。常有不平、不滿，不擅長與衆人步調一致，為微不足道的事情而有過剩反應的情況。X偵探所指的就是這個位置。

B的座位……坐在邊角位置的人是喜歡閒話家常的類型。樂善好施，和任何人都能相處融洽。只不過口不遮攔，有時會把所聽到的他人的秘密立即傳佈開來。是無法一人獨處的難耐寂寞型。

C的座位……協調型，和任何人都能「適當地」步調一致的類型。雖然欠缺積極主動地處理某事的行動力，但是，如果能擁有好上司或領導人則能發揮實力。

D的座位……這是老大型傾向較強烈的人所選擇的位置。即使自己並無此意，卻多半會在周遭人的推舉下，而處於肩負責任的立場。事實上具有身為集團內協調者的資質，喜好命令他人勝於受他人命令。也可以說是社交性非常強的類型。

E的座位……有點鬧彆扭的性格，不過，不致於像喜好A的座位一樣討厭與人接觸，倒是對人事物的好惡非常激烈，會和自己喜歡的人打成一片，但是，一旦覺得有所不快時，也可能完全無視對方的存在。簡單地說是「陰晴不定的人」凡事都以第一印象決定其好惡。

TEST 8

名偵探X先生的推理②

「光天化日之下一名蒙面盜匪闖入銀行，奪走現金三百萬元後逃匿。」

被懷疑是銀行搶犯而被逮捕的N先生，在偵探X先生的鼎力相助下終於找到真兇，而洗刷冤情。

「偵探先生何以確信我不是犯人呢？根據現場的狀況，我被錯認為犯人一點也不足為奇啊？」

「犯人在逃走時不慎跌倒，在現場留下了一雙鞋。根據調查那雙鞋是你的……。但是，當我排列那雙鞋的瞬間卻認為『這雙鞋子的主人並非犯人的』。

同時，當我假設你也許是犯人而做各項的調查時，過濾出一個平常對你懷恨在心的人。」

那麼，X先生是以何為根據，認為N先生是無辜的呢？

COFFEE

ANSWER 8

「腳跟」的磨損是關鍵所在

〈解說〉

●雙鞋腳跟內側磨損的人膽小

翻開鞋底來會發現每個人鞋底的磨損方式各不相同。從中揣測那一種步行方式會出現什麼樣的磨損狀態，的確耐人尋味。

請仔細看這個測驗中被當做犯人的鞋子的鞋底。您必可發現兩隻鞋的腳跟內側已經磨損。

這種類型的人多半是膽量小，在衆人之前會感到面紅耳赤的人。

這樁銀行搶案過於明目張膽，因此，X先生懷疑「這麼膽小的人做得出這種事來嗎？」結果這個疑惑變成尋找真兇的關鍵。

也許犯人是佯裝在途中跌倒，故意將N先生的鞋子留在現場吧！當然，穿上帶有他人鞋性的鞋子即使並非出於本意也會跌倒吧……。

以下附帶解說其他鞋底的磨損方式及該人的性格關係。

左鞋的內側磨損厲害的人

屬於心浮氣躁的類型。雖然具有實力，卻因為過於性急而無法順遂己意。約會時會比約會的時間更早到達或弄錯約會地點的「疏忽型」。

右鞋內側經常磨損的人

大而化之型。由於行動過於緩慢、遲鈍，以致會受到衆人的排斥。中年之後常會肥胖的類型。

鞋外側經常磨損的人

活動型。若是女性稍帶剛氣，不讓鬚眉的類型。若是男性則是屬於運動員型，體型健碩。不會因一點失敗而悶悶不樂，可以說是個性坦然率直的人。

TEST 9

等得受不了嗎？

某個車站前的咖啡店。這個咖啡店因為距離車站近、店內的氣氛也好，因此常做為等候約會的場所。果然不錯，這時店裡面似乎就有三個等候約會的男性……。

請從這三位男子的模樣來判斷等候最久的是那一個。

C
B

ANSWER 9

A的男性

〈解說〉

●等候時的態度十人十樣

A是將手搭在嘴邊而等候的人。

這個人是比約會時間超前多時到達，已經處於窮極無聊的狀態。由此可見是個熱烈追求對方的類型。

B是雙手環抱胸前而等候的男性。

是在等候的時刻稍前來到，現在的心情可能是猜想「她大概快來了」。這種雙手環抱胸前的姿勢令人感到在性格上多少具有頑固的一面。

C雙手輕輕貼靠在身側而等候的人。

應該是正好在約定時刻到達的情況。相當值得信賴，既不早也不晚，能確實遵守時間的類型。

換言之，若以等候的時間長短而言，順序應該是A、B、C。

男性本來就是矯柔做作的人，當女友來到眼前及尚未前來的時候，態度幾乎完全不同。如果悄悄地躲藏在暗處故意佯裝遲到，而仔細觀察男友的模樣，也許能意外地發現平常難以看到的另一面。

你的樂天派態度測驗

解答是Ⓐ的人往➡前進。Ⓑ的人往⇩前進。

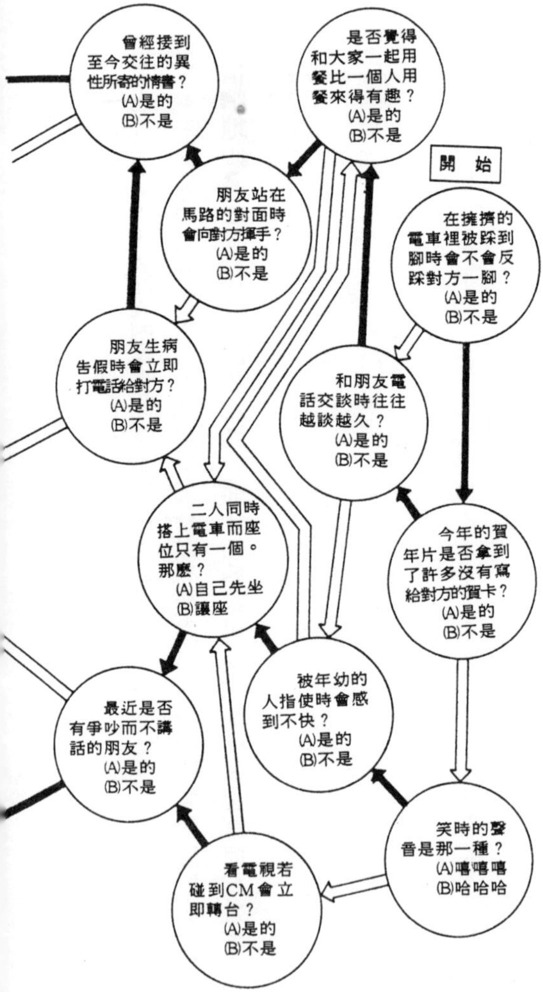

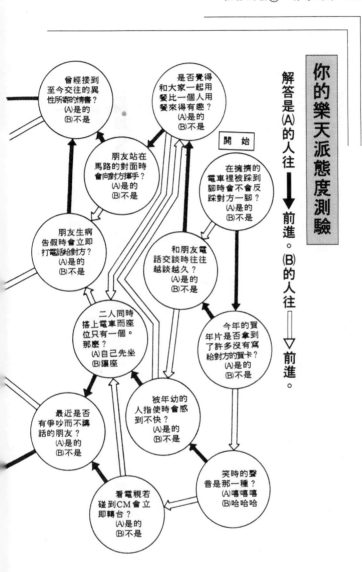

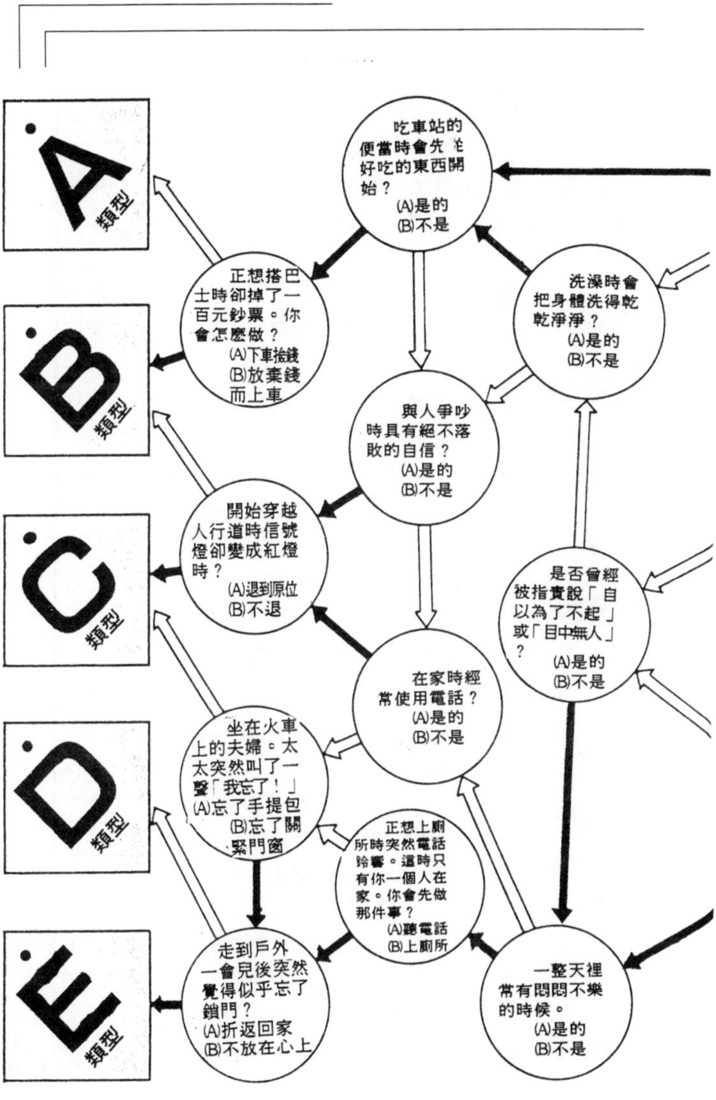
A 類型
B 類型
C 類型
D 類型
E 類型
吃車站的便當時會先從好吃的東西開始？ (A)是的 (B)不是
正想搭巴士時卻掉了一百元鈔票。你會怎麼做？ (A)下車撿錢 (B)放棄錢而上車
洗澡時會把身體洗得乾乾淨淨？ (A)是的 (B)不是
與人爭吵時具有絕不落敗的自信？ (A)是的 (B)不是
開始穿越人行道時信號燈卻變成紅燈時？ (A)退到原位 (B)不退
是否曾經被指責說「自以為了不起」或「目中無人」？ (A)是的 (B)不是
在家時經常使用電話？ (A)是的 (B)不是
坐在火車上的夫婦。太太突然叫了一聲「我忘了！」 (A)忘了手提包 (B)忘了關緊門窗
正想上廁所時突然電話鈴響。這時只有你一個人在家。你會先做那件事？ (A)聽電話 (B)上廁所
走到戶外一會兒後突然覺得似乎忘了鎖門？ (A)折返回家 (B)不放在心上
一整天裡常有悶悶不樂的時候。 (A)是的 (B)不是

A類型	豪傑樂天派型	最討厭思考令人憂鬱、悲哀的事情。不會留戀過去，只積極地朝向明天而勇往直前的才幹型。 **▲建議**　如果有好的領導者、忠實的輔佐，對你而言會更上層樓。
B類型	瀟灑樂天派型	不在意細微瑣事的樂天派。即使是一般人會感到不安而難以入眠的事，也會以自己的方法去解決煩惱。 **▲建議**　擁有自己的人生觀或思想即可更增強自信。
C類型	一般普通型	高興時明顯地表示心中的喜悅，不愉快時則表現不快的感覺。心酸的事情可以隨著時間而淡忘。 **▲建議**　若不急不躁，具有寬裕的心情來解決問題則是沒有問題的人。
D類型	陰晴不定型	有時會為細微小事牽腸掛肚，有時則表現出肆無忌憚的言行舉動，心情的起伏變化極大。在周遭人眼中是難以掌握的人。 **▲建議**　應該重視將自己的想法明確地告知對方的創意與努力。
E類型	悶悶不樂神經質型	感覺極為細膩，很容易掛慮微不足道的事情。對他人的言詞掛在心上，在意周遭人的耳目，結果自己造成不良的結果。 **▲建議**　必須盡量把握能開誠佈公地吐露心事的朋友。

第四章　個人的興趣與本性之間的奇妙關係

性格測驗⑦　探索對方心理

所謂世間諸事不可一概而論，人的喜好也是各不相同——本章是根據人的好惡，亦即嗜好的層面來考察性格。人對事物的好惡潛伏著察知人的心理或性格的重要關鍵。

TEST 1

她想吃的水果是那一個？

假設你帶著一籃綜合水果前往探視因病住院的女友。這位朋友是個落落寡歡的人，經常躲在自己的象牙塔內，很容易被衆人誤以為是「冷淡的人」。對於你的來訪，她內心的喜悅無以復加。

「謝謝你，我立刻就吃。」

那麽，在這些水果中她第一個拿的水果是什麽？

①葡萄　②鳳梨　③香蕉

④葡萄柚　⑤哈密瓜

ANSWER 1

①葡萄

〈解說〉

●喜歡葡萄的女性是落落寡歡

一般而言，喜歡水果的人是憧憬母性愛的善良性格的人，不過，從「硬要從水果中選擇最喜歡的水果」，這一點即可判定該人的個性或性格。除了測驗中所舉的五種水果之外，以外針對十一種水果做一番解說。

①葡萄

像測驗中所出現的這位女性是屬於落落寡歡、容易躲在自己象牙塔內的類型。具有美的意識或強烈的詩情幻想力，極富個性。雖然第一印象給人冷淡的感覺，但是在交往之後會漸漸地發現其內心的善良。

②鳳梨

熱情家、專注執著、具遠大夢想。喜好刺激或變化，凡事一頭栽入其中的積極人。最討厭固定模式的生活。

③香蕉

有時會有任性的舉動而令旁人傷透腦筋，不過，富有靈活簡捷的行動力，具備和任何人都能成為好友的社交性、開放性。若是女性則屬於稍帶陽剛氣的類型。

④葡萄柚

對健康或美貌的關心極強，是理想高的浪漫主義者。討厭「平凡」，對任何事都極具關心的知識慾求強烈的人。

⑤哈蜜瓜

外表典雅與內斂，然而胸懷大志或理想，是屬於積極前進的類型。討厭對他人言聽計從，會明顯地表現貫徹自我理想、信念的態度。

⑥蘋果

將事物處理得有條不紊的認真型，謙恭有禮、不忮不求的「恰到好處」的類型。

⑦梨子

這也是能控制自我慾求的認真型。處事慎重，以誠信堅定為生活目標，具有壓抑自己凸顯他人的一面。從壞處解釋可以說是過於消極的類型。

⑧橘子

個性溫和，與任何人都能步調一致的令人安心的人。非常重視家庭生活，喜歡與衆人談話，與志趣相同的人用餐。

⑨櫻桃

優雅、美意識敏銳，對於時尚流行會發揮個人品味的類型。不過，理想雖高卻內向而缺乏行動力，不擅長在衆人前提昇自己的印象。

⑩柿子

略帶保守、生活樸素的類型。在金錢方面絕不浪費的堅實型，因此也具有成為巨富的素質。

⑪木瓜

極為個性的類型。充滿著對某種新鮮的刺激或奇特行止的期待感，討厭受束縛。極具幽默感，擅長與人相處，不過，冷熱變化極快，稍欠執著的耐力。

TEST 2

初次見面者的人物判斷法

有一天，A先生受雇主公司之邀，盛裝前往參加其所舉辦的重要宴會。

在宴會場，A先生認識了雇主公司的四名職員，彼此打了招呼。這四個人是今後將與A先生組成企劃組從事重大業務的人。因此，A先生決定在宴會席上觀察他們是屬於何種類型的人。

首先，他留意他們各自配載何種領帶，結果四人所配戴的領帶如附圖所示。

據說從對領帶的品味可以窺視該人的性格，那麽，A先生根據他們所配戴的領帶，判斷這四個人各是什麽樣的性格呢？

③
①
④
②

ANSWER 2

蝴蝶結領帶是自卑感的表示？

〈解說〉

●從領帶的嗜好瞭解在工作上的信賴度

當我們想要判斷初次見面的人是屬於何種性格的人時，在無意識中會把注意力投注在對方的服裝上。據數年前法國出版的暢銷書『最初的五分鐘』中所言，人的第一印象受該人的攜帶品或服裝影響甚大。

另外，『成功的流行』一書中也提到美國的部、課長級以上的管理階層者多半配戴條紋式的領帶。換言之，一個人的生活水準或渴望周遭人如何看待自己的期待感，會表現在自己的攜帶品或服裝上。

尤其是男性，對於領帶的喜好常是該人的性格，或對生活的期待感的表示。

在此我們從領帶的嗜好來分析，A先生首次碰到的四個上班族。

①喜歡紅色素領帶的男性

喜好紅色領帶的男性是標新立異者，強烈地渴望能受到旁人認可，虛榮心極強的人。同時，喜好交談、在工作上也經常談話，不過，卻有輕易承諾的缺點。

所以，如果以為對方已經對你的要求表示ＯＫ，事後會發覺根本沒有付諸實行。和這種類型的男性進行商談時，如果事先沒有緊迫盯人的照會常會失敗。尤其是喝了酒後常說大話，在工作上的信賴度極為低的人物。

另外，同樣是素色領帶卻喜好藍色或紫色的男性是浪漫主義者、夢想家型。在工作上只會動腦筋而缺乏實行力，信賴度低。

②喜好斜紋狀領帶的男性

這種類型的男性可以適應任何人，是令人產生好感的男性。在工作上是屬於絕不會失敗的安全型實業家。

因此，工作上值得信賴，不過，卻沒有向勉強的冒險或甚至冒險也要向嶄新工作挑戰的企圖心。避重就輕的順應型商業者較多。美國前總統布希就是戴這種領帶。

③喜好水點花樣領帶的男性

喜好水點花樣或華麗紋彩的領帶的男性，多半是經常意識到周遭人的耳目，渴望受人矚目的類型。

因此，做任何事最重視外觀與形式，會有誇大的言行舉止。在工作上是屬於活動型，具有實力也是值得倚賴的人，不過，令人擔心的是在重要關頭可能出現大錯。日本前首相海部對水點領帶的喜好極為聞名。

④喜好蝴蝶結領帶的男性

一般而言蝴蝶結領帶具有兩種印象。其一是餐廳或飯店的服務生的印象，另一是上等社會的貴族印象。

喜好蝴蝶結領帶的男性中，多半是抱有強烈自卑感的類型。這些人多半在年輕時有過一番心酸的奮鬥史，或對一流的人事物帶有自卑感，對身高感到慚愧的人。

因為，利用蝴蝶結領帶在頸項間做裝飾，可以使自己彷佛上流社會中的一流人士，同時也能讓自己顯得較高一些。這也是中小企業的董事長，或獨力經營而致富者，常打蝴蝶結領帶的緣故。

這種類型者在工作上對任何事都非常挑剔，是屬於神經質、拘泥小節的人。

在金錢方面也錙銖必較，是個節省的人。雖然具有信用卻是難以相處的工作伙伴。

TEST 3

根據泳裝顏色的獵艷法

據說夏威夷的海邊清一色都是日本的觀光客。

現在有一群彷佛是ＯＬ的日本年輕女孩，正在夏威夷的海邊盡興地遊樂。自命花花公子的你，當然不會錯失良機吧！

當然，根據你自己的類型或外貌結果可能有所不同，不過，以一般而言左圖中的那個女性最容易上鉤？

而這群女孩所穿著的泳衣顏色如左。

①白　⑤紅
②黑　⑥紫
③藍　⑦黃水點
④黃

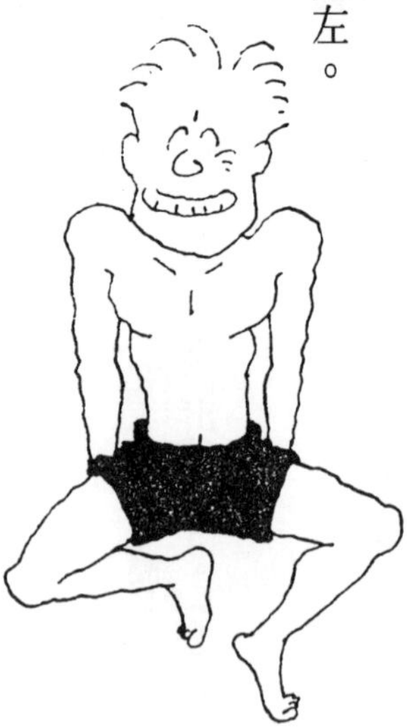

①
②
③
④
⑤
⑥
⑦

ANSWER 3

④⑦的女性

〈解說〉

●向穿黃色與水點泳裝者進攻！

有一部電影的片名是『她換上泳裝時』，當女性換穿泳裝之後個性上會變得較為開放，同時平常掩飾的真心會表現在所穿泳衣的顏色或花樣、款式上。總是穿著樸素服裝的女孩，一旦到了海水浴場，可能會突然一身亮麗鮮艷的泳裝打扮。

女性穿上泳裝時，可以說是窺視她們對男性的關心度、金錢觀等隱藏在潛意識下心態的最佳良機。

①穿著白色泳衣的女性

對自己的身材具有自信，從學生時代開始即有豐富的男性經驗。身材玲瓏有致卻具有一些少女情懷，由於所渴望的事物及日常的關心偏重於奢侈豪華，在金錢方面似乎挺牢靠，其實並不懂得管理。

由於自尊心高，即使墜入情網也不會主動向對方表白自己心意的類型。

②穿著黑色泳衣的女性

是具有個性的人。自己也意識到這一點，而刻意表現與他人的不同。男人若想要以平常的方法追求，只會吃閉門羹，這一點可要特別注意。

附帶一提的是喜歡穿這種顏色泳裝的女性中有兩種極端的類型，一種是樸素而不顯眼，另一種正好相反地，是渴望標新立異的人。不過，在金錢方面兩者都屬於堅實派，會克制浪費，在所決定的範圍內節約生活的類型。如果能碰到好的指導者，則可以過著非常安定的生活。

③穿著藍色泳裝的女性

自我顯示慾不太強，在群體中並不突出。尤其是穿著連身型的泳裝，其顏色是藍色（像學校的泳裝）時，多半對男性不太關心。至於金錢方面帶有潔癖，討厭談論錢財的問題。有時金錢可能花在他人身上或過於愛慕虛榮而大失敗，不過，基本上金錢的問題全委由他人處理，可以說是在賺錢上或積蓄錢財上都相當笨拙的類型。

④穿著黃色泳衣的女性

對男性的關心度極高，處於高度的慾求不滿狀態。如果向這種女性追求，成功的機率應該相當高。在金錢的使用上並不是有計劃的運用，是屬於活用自己的技術或靈巧的手腕而賺大錢的類型。若有遠大的目標越有鬥志，對賭博也極有興趣。屬於樂天派，和男性的交往非常積極。

⑤穿著紅色泳裝的女性

個性開放，對事物不會往壞處想。具有社交性、以自我為中心、凡事不自由毋寧死的類型。對戀愛也積極，討厭聽人差遣。在金錢方面當花則花，該賺錢時則發憤圖強。個性雖然有些任性，卻是值得信賴的女性。

但是，和喜歡的人相處得並不好，相反地自己不喜歡的男性卻對自己大感興趣。

⑥穿著紫色泳裝的女性

具有個性、討厭平凡的人。尤其富有美感，在金錢的使用法上也和一般人稍有不同。

該花的時候從不吝惜，而該節省時則一切從簡的類型。由於自尊心高，不會輕易地上鈎。

⑦穿水點等有花紋泳裝的女性

渴望男性的搭訕、邀約的類型。這種人可不要放過。尤其是黃色水點等在團體中穿著最華麗泳裝的女性，獵豔的機率最高。

……因此（純屬「一般論」），可能在你的追求下而上鈎的，應該是穿黃色或水點花等花樣泳裝的女性。當然，對於穿著其他顏色泳裝的女性如果能參考上述的說明去思考獵豔的技巧，成功的機率應可相對地提高。

有益的話題

★根據女性對鞋子的品味即可瞭解其性

和男性相較起來女鞋不僅是款式或顏色可謂五花八門、種類繁多。據說女性在慾求不滿時會渴望購買鞋子。因為，對女性而言鞋子和性有密切的關連。

喜好紅鞋的女性或選擇使雙腳顯得醒目的顏色的人，多半是對自己的腳具有相當自信的類型，性的慾求也較高。不過，性感雖然豐富卻以自我為中心。

喜歡綠鞋的女性是屬於保守派，也帶有古老的性倫理觀。對性較為淡泊，自我意志力較強。

TEST 4

穿上新西裝

假設你今天首次穿上新款的名牌西裝和朋友們見面。自己對這套昂貴的西裝相當滿意，但是，鮮少穿西裝的你，總覺得有點彆扭，擔心可能與自己不搭調。

因此，向朋友詢問：「這套西裝穿在我身上合適嗎？」結果他們的回答如下。

①Ａ先生　認為任何人都喜歡受人讚美而表示讚美。

②Ｂ先生　不知該如何回答，保持沈默而帶著一臉微笑。

③Ｃ先生　會將自己的見解老實地說出來。碰到這情況任何人都渴望他人的奉承，不過，Ｃ先生卻認為這對對方並不好。

④Ｄ先生　心裡納悶你為何穿上新西裝，而迂迴繞轉地說出個人的意

見。

你應該可以從這些回答中，一眼看穿朋友們的性格，你做何判斷？

ANSWER 4

奉承話也各有花招

〈解說〉

●從對流行服飾的反應方式洞穿性格

我們與人交往時，偶而在毫無自覺的情況下會有令人厭惡的言行舉止。因為，我們的性格中似乎具有可以和任何人和平相處，卻又難以和他人步調一致的一面。

同時，芸芸衆生中有被任何人都喜好的人，也有被人嗤之以鼻的人，而最常見的是顧忌過多或性格過於內向，無法與人和平相處的類型。

在此根據你對流行服飾的反應來探討你的交際度。

從這四個人的回答，可以瞭解他們在人際關係上的基本態度。

①A先生

像A先生一樣希望對方能歡喜，而輕易地對其服飾表示讚美的人，是不對任何人拂逆的類型，不過，卻無法深入地踏進對方的心理世界。

表面上看來似乎建立了良好的人際關係，然而在緊要關頭卻無法信賴或遭他人背叛。這是無法建立彼此雙方真正理解的人際關係的類型。

②B先生

不能坦白直言的這種類型的人是屬於內向型、消極性。尤其是有關服裝的問題難以具實作答，多半是太過於喜歡往自己的牛角鑽，不擅長與他人交往的人。

③C先生

像C先生一樣能表白自己意見的人，乍看下顯得有個性、意志明確而受人歡迎，但是，這種積極的性格有人喜歡，卻也有人不表歡迎。雖然同伴不少卻也是容易樹敵的類型。

④D先生

這種類型的人非常難忘他人的舉動而做各方的考慮，不過，態度相當冷靜，過於客觀地觀察人。與人交往時會保持距離，清楚地劃分自己與他人的世界。有時這乃是傷害到對方感情的原因。

由此可見，根據個人對穿著、流行服飾的關心度，可以從而瞭解該人的性格乃至與人交往、生活的層次等。據說從前旅館的掌櫃會根據顧客的穿著，一眼察覺該顧客的經濟條件如何或其來歷。如果是經驗老道的掌櫃，只要看顧客所穿的鞋子就能知曉對方的斤兩。

但是，像現在只要一張信用卡就可粉飾門面的時代，光憑身上所穿著的服飾很難看穿一個人的真面貌。因此，以服飾來觀察人的性格有三個重點。①西裝的口袋（胸口袋）、②眼鏡、③服裝的整體感。

對於這三點是否用心地留意，乃是人物判斷的關鍵。

有益的話題

★也要注意領帶結！

以領帶來判斷人物時還有一個重要的觀點是領帶結。領帶結打得端正而美觀的人在精神上處於安定狀態，工作也順利，可以井然有序地處理事務的人。

相反地，領帶結打得歪斜而邋遢的人，是精疲力倦、意志消沈或在工作上無法發揮實力的人。

另外，在談生意的過程中在意自己的領帶結是否端正乃是情緒不安、心浮氣躁、緊張的證據。你對自己的領帶應該多加注意了！

TEST 5

那個地方最適合喝酒？

商業總離不開酒。對上班族而言，最簡捷而迅速的壓力消除法，大概是下班後的黃湯小斟吧！在目前的社會，即使女同伴一起去喝酒也不足為奇了。

根據喜好在那一種場所飲酒可以窺視該人的性格，尤其是其社交性。在下面所舉的五個場所中具有社交性的人喜好的場所是那一個呢？請動動你的腦筋。

①路邊攤　②酒吧、俱樂部
③ＰＵＢ、交誼廳　④ＳＮＡＣＫ
⑤自宅

ANSWER
5

①路邊攤和ＳＮＡＣＫ

〈解說〉

●根據飲酒場所瞭解社交性

喝酒的行為中潛藏著想要消除不滿或壓力的慾求。因此，若調查喜好在何種場所飲酒，即能明白該人的深層心理或性格，這一點頗饒興味。

尤其是酒在人際交往上扮演著極為重要的角色，因此，可以從中發現飲酒者的社交性。問題所出現的五個場所中喜好①路邊攤④ＳＮＡＣＫ的人，可以說是具有社交性、擅長與人交往的人。

以下就來分析喜好各個不同場所的人的性格。

①喜好路邊攤的人

這種人天性嗜酒，是屬於純情、質樸的人。喜好路邊攤等不必裝模作樣的場所的人，多半個性善良、親切。賺錢或出人頭地不如與人交往來的重要。也可以說是具有社交性的類型。

②喜好酒吧、俱樂部的人

與其說是喜好飲酒，毋寧是講究氣氛或挑選飲酒對象的人。雖然渴望受人歡迎，卻只重視與特定人的交往。同時，飲酒也只限於工作的需要，是工作人常見的類型。

③喜好PUB、交誼廳的人

喜好飯店的交誼廳或歐美風格的PUB等時髦氣氛的人，好惡分明。對文學或美術具有興趣，屬於個性派。只和特定的人交往，並非和任何人都能相處的類型。

④喜歡SNACK的人

喜歡SNACK或卡拉OK的人交友廣泛，富有社交性。因工作的關係招待客人而選擇SNACK的人，多半是能幹型，而且絕不會承受壓力。

⑤喜歡在自宅飲酒的人

喜歡在自宅悠哉飲酒的，是對暴露自己的缺點感到不安的人。雖然落落寡歡卻又討厭與人交往或警戒心過強，而無法擁有推心置腹的朋友，是屬於吃虧的類型。

TEST 6

找出前自由打工者

左圖是小學的同樂會，從前的同學們歡聚一堂敍舊的模樣。從他們的樣子看來似乎話題是繞在個人最近的興趣上。以下的簡介是指其中某一位同學，那麼，這個人到底是插圖中的那一個？

「幼小在富裕的家庭中成長，大學畢業後從事時下最流行的『自由打工業』，做過各式各樣的臨時工，同時運用對某個『專業』的豐富知識，也在雜誌上寫稿。但是，目前他的才華受到社會大眾的認可，現在已成為真正的評論家大為活躍。」

以下是同學會中談話的內容。

A：「興趣嘛……還是高爾夫啊。你們

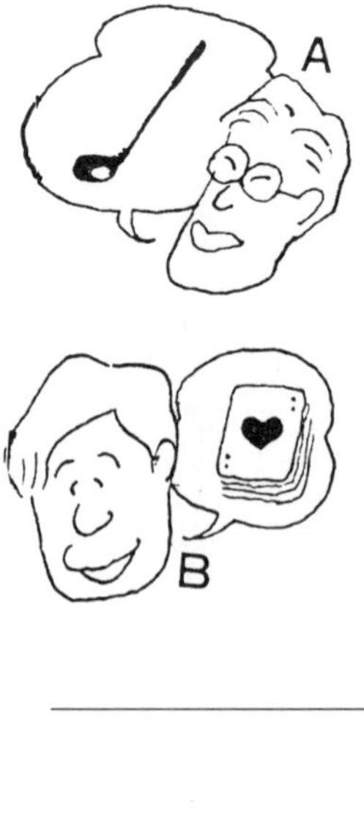

的桿數是幾桿？」

B：「我參加魔術的俱樂部，還真有趣耶！」

C：「啊，我仍然沒什麼特殊的興趣。大概只有睡覺吧，哈哈哈。」

D：「禮拜天的早上多半去釣魚，這大概是我的興趣。」

E：「我的興趣較偏，仍然是喜歡象棋，去年升上業餘二段。」

F：「經常到山上拍攝野鳥的照片！」

G：「我仍然喜歡集郵。」

H：「我現在掌管這裡的少年棒球隊呢！」

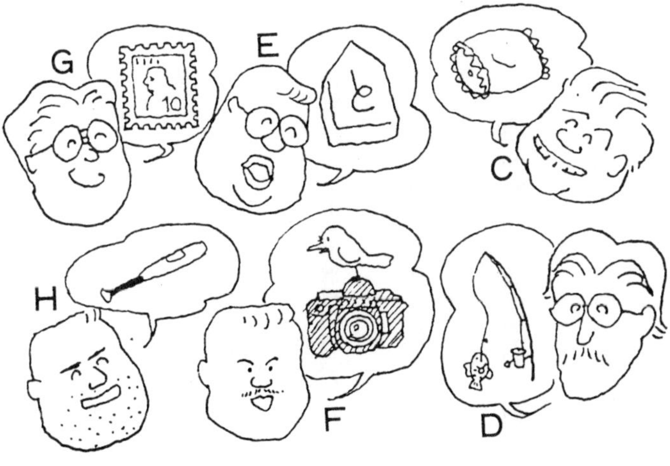

ANSWER 6

G先生

〈解說〉

●沒有興趣的人是不甘寂寞者

以下針對各個人物來做其性格分析。

A　**喜歡高爾夫的人**，雖然目前已經普遍為大衆化的一種球技，然而仍然具有強烈的階級象徵的，可以說是高爾夫這種運動。

具有「渴望旁人認可自己目前的地位或身份」的願望，或對出人頭地寄予厚望的人，多半喜歡高爾夫。以這個同學為例，向在座者詢問桿數已強烈地表露出他的這種心態。總而言之，他是想吹噓自己的桿數或最近比賽的成績，應該是往上爬的意願極為強烈的人物。

B　**具有演藝方面興趣的人**，是渴望受人矚目、獲得喝采而感到滿足的類型，總而言之多半是服務精神旺盛、樂善好施、受人之託無法說不的人。

C **毫無興趣的人**，是指缺乏以興趣為媒介的溝通，在人際關係上也容易造成偏頗、不擅交友，多少帶點孤獨。往往把煩惱往自己心裡塞，卻又渴望找人商量的人。

D **喜好釣魚的人**，多半是覺得孤獨的狀態最舒適的內向型。平均而言這種人是按步就班地往前積極努力，從而累積成果的態度認真的人。

E **喜好圍棋、象棋等運用腦力為興趣的人**，是重視前、後輩等長幼順序，非常在意同伴意識的協調型。對於洞察對方的心理或考慮將來的遠景極具關心，研究心也旺盛，卻不太擅長表現自己。

F **攝影迷或喜好爬山的人**，應該可以說是「執著型」。是集中力相當高的人，討厭受人干涉，只專精地投注在自己興趣的對象上。換言之，不擅長在團體內行動的「孤高自傲的人」。

G **從小開始即收集某些物品為興趣的人**……如果這個興趣仍然持續到現在，必須有收藏的空間與相當的資產，並有家屬或父母的理解等各種條件的配合才可能達成，換言之，可以想像這種人是在相當優厚的環境下成長。同時，自幼即具有追求憧憬、夢想的浪漫主義的一面，由於帶有難以和團體協調或受人僱用的傾向，進社會之後常轉職調任。

換言之，最適合問題中所描述的性格者就是G先生。

H　**以運動尤其是團體遊戲的運動為興趣的人**，擅長與人交往，通情達理、明白自己在團體內的職務並能適切地採取行動的類型。不過，其缺點大概是稍欠計劃性，常有「先行動再思考」的行止吧。

附帶一提的是具有某種興趣的人，當然也有許多和前述的性格分析完全不同的人物。請各位把它當做一種參考來比較。

心理學講座③

【我心裡的另一個我——為何會產生雙重人格？】

平常個性非常溫和的人也會判若兩人地表現出極為冷淡的態度，因此，有時會令人感嘆人心難以捉摸。存在於我們心裡的「另一個自己」完全掌握住平常的自己而行動的，就是「雙重人格」。

各位如果回想R・L・史蒂文生著名的『吉契爾博士和海特先生』這本文學作品即可明白，事實上任何人都具有雙重人格化的性格。除了雙重人格之外，也有三重、四重等多重人格的出現，這也稱為「多重人格」。

多重人格的例子中最著名的是伊布・懷特和伊布・布拉克的故事，後來甚至拍成名為『叫做我的他人』的電影。

一九五一年，一名叫做伊布・懷特的二十五歲主婦前往拜訪精神科醫師，苦訴常有原因不明的頭痛和聽到不知從何處傳來的聲音的煩惱。這個聲音正是她的第二人格，伊布・布拉克。

伊布・懷特在十九歲時結婚，雖然生下一名女嬰卻因性不感症而沒有幸福的婚姻生活。從她第二個孩子流產之後伊布・布拉克頻繁地出現，開始產生激烈的頭痛和意識喪失。伊布・懷特是含蓄而嚴謹的性格，長著一副溫和的臉孔，但是，伊布・布拉克卻是充滿著愛慕虛榮、任性、一副小惡魔模樣的人，人格完全相反。

不久，隨著治療的進行又出現另外一個不同的人格。那個叫做珍的第三人格捨棄前面兩個伊布的缺點，彷彿是她二人優點的組合。後來珍的存在慢慢變成主要的人格，而懷特和布拉克二人的人格慢慢地消失。爾後珍自殺未遂，但是，從這個時候開始又出現了第四人格的艾瓦琳。

上述伊布・懷特的故事是相當複雜的多重人格的病例。而最令人感興趣的是伊布・懷特完全不知道第二人格的伊布・布拉克的存在。

但是，布拉克卻對懷特瞭若指掌，當懷特的煩惱變得深刻時，即神出鬼沒般地出現。同時，第三人格的珍雖然認識懷特和布拉克，然而她們二人卻不知道珍的存在。

同時，懷特和布拉克、懷特和珍能彼此交換替代，然而布拉克和珍卻無法交互地出現。

伊布女士的多重人格是屬於非常特殊的病例，然而如前所述，我們每個人或多或少都具有雙重的人格。造成雙重人格的原因中可分為四大動機。那是以下的四種類型。

①具有渴望自己成為某種模樣的理想時

當渴望自己具備某種形象的理想過高時，會採取與原本的自己判若兩人的行動。這好比對金錢相當吝嗇的人，為了不想被當做吝嗇鬼而出錢請客，佯裝自己並非吝嗇的情況一樣。

②具有渴望受人矚目、成為焦點的期待時

當過於渴望受人矚目或讚美時，舉止行動會異於往常。心理學上稱此為「喝采願望」。譬如，平常忠厚老實的人，一旦以為受到衆人的矚目，就會瞎鬧起鬨的情況。

③具有以為受人期待的幻象時

當聽到別人讚賞自己說：「那個人是非常親切的人啊！」即使本來並不親切也往往會表現出親切的「幻象」。

④自己擅自塑造另一個自己時

似懂而非懂的就是自己本身。人有時為了避免暴露真正的自己，而表現出虛榮、虛偽不實的面貌。

當具有以上的動機時就會形成雙重人格。而如何才能使雙重人格的自己回復到原本的自己呢？最重要的無非是認識自己，而心理學乃是認識自己的線索之一。

第五章　探討男與女的戀愛心理

似懂非懂、令人捉摸不定的是，異性的心理——本章主要探討男女間的心理作用。從無數的測驗中您也可發現隱藏於外在言詞中的他（她）的「心靈呢喃」。

TEST 1

被討厭的是誰？

某大廈的電梯女服務生說：

「剛才搭上電梯的那個客人真討厭！」

到底是那一個人被討厭呢？

ANSWER 1

④的男子

〈解說〉

●根據站立的位置而給人不同的印象

當電梯門打開走進裡頭之後，任何人幾乎都會轉身過來使臉朝向門的方向。

以電梯的使用效率而言，這似乎是不太好的現象。因為，每當電梯門打開就會反覆著「走進電梯」「轉過身來」「其他人再搭上電梯」的模式，耗費了電梯升降的時間。

如果改成「搭電梯者暫且保持向前的姿勢走進電梯」「在電梯啟動的過程做下電梯的準備」，很明顯地會使搭乘的效率提高。

因此，最近有些電梯設計成避免乘客搭上電梯後轉身的動作。您知道那是什麼樣的設計嗎？

其一是設計在大廈外牆邊的「反方向裝有玻璃窗的電梯」。乘客搭上這種電梯就不會立即繞轉身來。同時，「在電梯門的對面裝置鏡子的電梯」也是為了達到同樣的效果。

在一般的電梯裡觀察乘客的行動實在有趣，而在狹窄的電梯內根據乘客所佔據的位置，也會暴露個人特殊的習性，這也是個有趣的研究主題。

如果我們限定狀況，以搭乘有女服務生的電梯的男性來分析，那麼根據這位男子所佔據的位置，即可從其與異性的交際或對性的態度、慾求不滿的觀點來判斷其性格。以下針對圖示六種位置來做解說。

①**站在最偏離女子所處位置的場所的男性**，能適應地控制自己的慾求，並給予妥善處理的人，即使有所慾求不滿也會克制自己不表露在外的類型。能夠在所允許的範圍內自然地消化慾望。不過，對性本身較為懦弱，一般的性即可獲得滿足。

②**站在入口附近與女子相反方向位置的人**，當心浮氣躁、感到無法壓抑的不滿，不表露出來則坐立難安的類型。很容易為無聊的小事動怒，在性方面也處於將要爆發的狀態。

③**寡慾的柔和型的人**。是屬於在工作、興趣等上追求生存價值而鮮少對性有所期待或慾求的類型。正因為如此，多半人能享受性生活，也是深受酒吧或俱樂部女郎歡迎的人。

④**喜歡站在女子身後的人**，屬於在無意識中期待一有機會能碰觸對方的狀態。慾求不滿度相當高。問題中所指的「真討厭的男子」，就是站在這個位置的男性。因為，對女性而言沒有比別人站在自己身後更感到不安了。

插圖中站在這個位置的男性，看起來似乎深受女孩歡迎的類型，但是，電梯女服務生並無法看見這名男子的臉孔，所以，這時容貌的俊俏與否並沒有關係。

⑤**這是年輕男子經常佔據的位置**。精力充沛、氣力十足，能積極領導女性的類型。

⑥**內心渴望追求刺激或性的冒險**，然而實際生活方面卻有許多限制，而無法隨心所欲……隱藏有這種慾求不滿的類型。這種人似乎不討人喜歡。

TEST 2

辨別走上畸戀不歸路的女性

A、B、C這三位女士是從高中時代情同手足的「三人幫」。即使經過十年後的現在，仍然持續這種朋友關係。

據說其中一人正陷入婚外情的糾葛中，雙方的家庭已變成一觸即發，難以收拾的狀態。到底她是這三個人當中的那一個呢？

請仔細觀察她們高中時代的照片，猜猜看最有可能的是那一位。

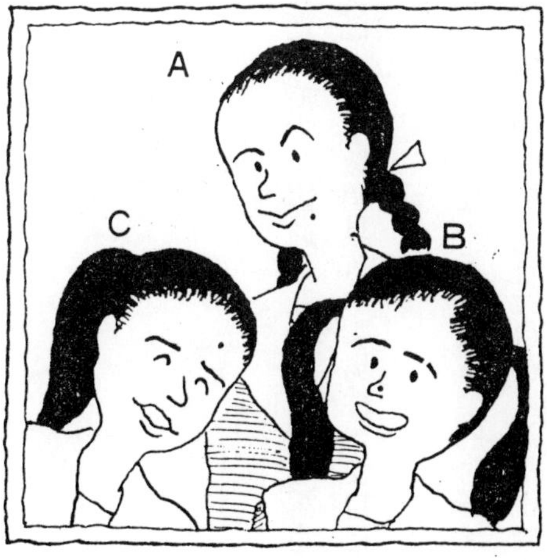

ANSWER 2

紅杏出牆的是B女士

〈解說〉

●髮際輪廓左右不對稱的女性是破滅型

人具有憑藉自己的努力與意志力，而開拓自己命運的能力，因此，並無法斷然地認定是那一個人，不過，B女士的臉上從高中時代開始就已出現了數個具有欺騙男性、使自己走上破滅的不歸路的特徵。

首先是，頭髮髮際的輪廓左右不對稱這一點。這種類型的女性中常見破滅型的命運。尤其是容貌越美麗的人越可能使男性神魂顛倒，而造成糾紛的禍根。有時自己以為是正確而做的事情，卻會使男性陷入永劫不復的境地。

另外，她的眉毛有一處斷裂。像這種眉毛斷裂或眉毛的中央有黑痣的女性，多半是令男人狂亂或使其一生毀滅的凶運之相。

而臉孔的輪廓呈四角形，鼻上有黑痣的女性對性的關心異常地高；眼皮上有黑痣的女性多半是淫亂型，是所謂性器獨特的人，常會使男性的體力消耗殆盡。

在現今女權抬頭的社會，全數網羅這些特徵的女性極有可能發揮天性的才能？使其周遭人陷入雞犬不寧的狀態。

有益的話題

★從耳朵的凹陷窺視女性的秘密

若仔細觀察位於耳洞附近的凹陷狀必可發現各種形態。一般而言，男性耳洞附近的凹陷比女性較寬，凹陷的深度也不大。而女性耳洞附近的凹陷較深，形狀也較為狹小。

據說從前的男性找到自己心儀的女性時會先觀察其耳穴。在人相術上這個凹陷稱為「風門」，據說此穴的大小與女性膣口的大小有所關連。體型較理想的女性這個凹陷較淺。

TEST 3

是相親或戀愛？

據說這家日本式旅館的掌櫃，能一眼拆穿前來住宿的新婚燕爾，是相親結婚或戀愛結婚的拍檔。

那麼，你知道今天前來投宿的這兩對新婚佳偶中，那一組是相親結婚，那一組是戀愛結婚呢？據掌櫃所言如何辨別其差別到旨固祕決……。

②
①

ANSWER 3

①相親　②戀愛

〈解說〉

●行李箱的數目是關鍵

這是筆者本身實際向旅館掌櫃所請教的問題。

據說辨別的要領首先是觀察行李箱。

如果夫婦兩人各帶著一個行李箱，多半是相親結婚的拍檔，而夫婦兩人共有一個大行李箱，並隨身各帶著小皮包的，可判斷是戀愛結婚的夫婦。

誠然對於相親而結婚卻彼此尚未完全熟悉的夫婦而言，將男女雙方的行李混雜裝在一個行李箱內的作法，並不太可能吧！

據說掌櫃就從這一點來觀察，如果判斷是相親結婚的夫婦，則盡量招待他們住在環境較優雅的房間，讓他們能儘早卸除心防親近對方，若是戀愛結婚的夫婦，則招待他們住進熱鬧的房間，並提供各種的服務。

TEST 4

請凝視約會中的她！

左圖是咖啡店與男朋友約會的女子的連續插圖。在各個瞬間，她腦中想著什麼事呢？請將她「內心的呢喃」和插圖結合在一起。

Ⓐ啊，急死人了！按耐不住了呀！
Ⓑ在這個人面前可疏忽不得！
Ⓒ怎麼不懂我的心事呢？真是遲鈍啊！
Ⓓ他似乎看穿我的心事，嚇了我一跳……
Ⓔ我非常愛你。
Ⓕ對我溫柔一點啊……

①不停地更換翹腳姿勢

②將手輕輕地搭在髮上

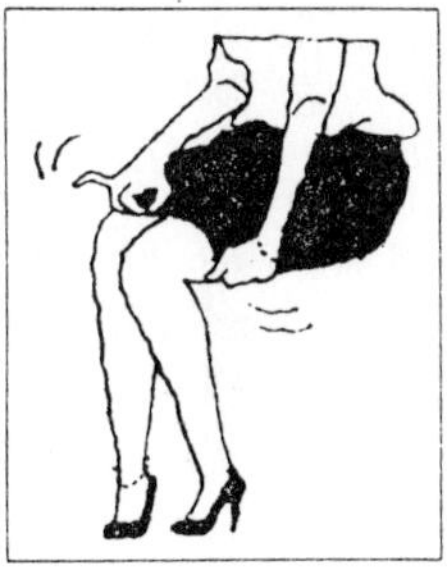

③顧忌裙襬的位置

④專注地聽對方談話

⑤不停地將手扶靠在臉頰上

⑥拄著腮幫子聽對方的談話

ANSWER
4

①—Ⓐ　②—Ⓕ　③—Ⓑ　④—Ⓔ　⑤—Ⓓ　⑥—Ⓒ

〈解說〉

●不停地更換翹腳姿勢或用手攏弄頭髮乃是慾求不滿的訊息

男性和女性相較起來，女性較容易將自己的內在感情直接地表現在表情或態度上。譬如，在喜歡的男性面前以及在沒有任何感覺的男性面前時，女性的舉止行動有極大的不同。有時從女性不經意所流露的動作中，會反映出想對對方傳達（無意識中的）的性慾求。以下我們來詳細地分析本題的六個動作、表情所表示的女性的心理狀態。

①**不停地更換翹腳姿勢的動作**，常出現在慾求不滿極為強烈時。那是感到心浮氣躁、難耐寂寞的時候。若是年輕的女子，原因多半是性方面的慾求不滿。

②**用手攏弄頭髮的動作**，則端看是輕輕地扶搭在頭髮上，或使命地撥弄頭髮而有意義的不同。如果是輕輕地用手搭在頭髮上，乃是帶有強烈慾求不滿的時候，是渴望對方溫柔

的言語或體恤自己心情的意識。使命地撥弄頭髮，則是感到有些後悔時。有時也可能是性虐待、性被虐待傾向的暗示。

③**顧忌裙襬的位置**，乃是自我防衛的表示。因想要保護自己的意識而嚴陣以待的姿勢。能具體地想像自己衣冠不整的模樣的女性，亦即性經驗豐富的人常有這樣的癖性。

④**專注地聽對方談話的動作**，具有兩種意義。當眼睛眨也不眨地「盯視」著對方，乃是具有敵意。相反地，如前頁插圖的女性，眼睛帶著濕潤感並眨著眼睛凝視對方，乃是具有愛情的時候。尤其與對方的視線交合也不岔開視線時，表示愛情極深。

⑤**將手搭在臉頰上的動作**，想要掩飾感情或不願暴露自己真心本意時，在無意識中所表露出來的動作。男女之間剛開始對彼此抱有好感時常見這種動作。觸摸耳朵也是同樣的心態。

⑥**拄著腮幫子聽對方談話**，乃是渴望被認同、被瞭解的感情表示。如果女性在你的面前表示這個動作，乃是對你的遲鈍做無言的抗議。

TEST 5

在遊樂區博得芳心的方法

假設你和最近剛認識的女朋友（男朋友）到遊樂區來玩。

你手上的入園券中，可以自由地使用場內四種搭乘工具，或遊樂設施的票。

如果是你，會和女朋友（男朋友）搭乘那一種交通工具，或到那個遊樂設施玩呢？請從下面三個遊樂項目中選擇一項。

當然，希望你是基於渴望和剛認識的對方，能進一步地交往的前題下來考慮這個問題……啊！也許這句話是多餘的吧！

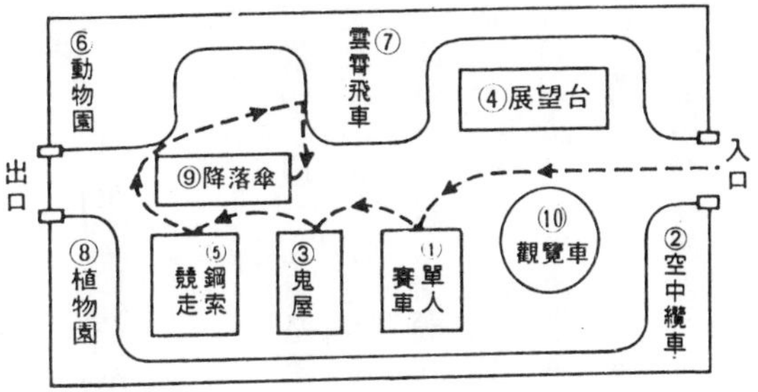

①的遊程

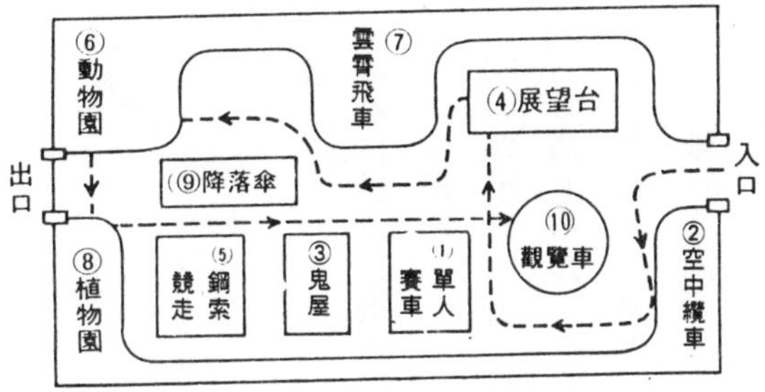

②的遊程

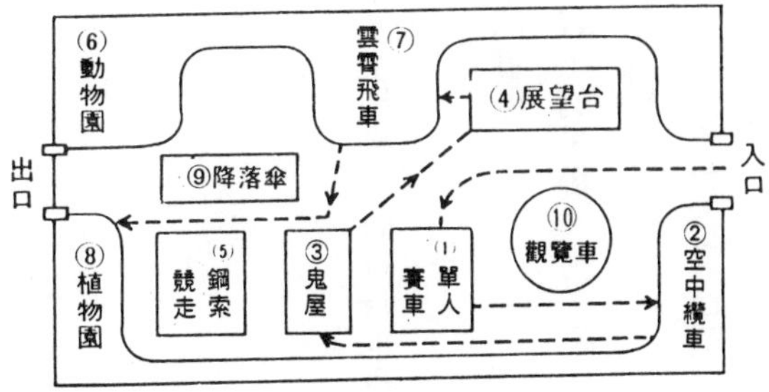

③的遊程

ANSWER 5

①的遊程效果最大

〈解說〉

●一見鍾情的心理（亢奮是愛情的催化劑）

「愛上人」這種心理極為微妙，有時交往數年之後才漸漸地產生好感，而有時也會發生初逢乍識就一頭栽入情網的「一見鍾情」的現象。

有關「一見鍾情」的心理，加拿大的心理學家做過一個有趣的實驗。

實驗的方法是在景色優美的河川的兩座橋上（其一是架在山谷上的吊橋、另一是普通的水泥橋）讓貌美的女子向渡過橋來的男子進行問卷調查，然後告訴對方說：

「有關這項問卷調查，如果有任何疑問請打電話來洽詢。」然後告訴對方自己的電話號碼。

結果，數天後有數名男子打電話前來。而打電話的人幾乎都是渡過「吊橋」，而非一般水泥橋的男子。

這個實驗所要證實的是什麼呢?原來這些男子渡過吊橋時,因緊張而怦然心動,隨即又碰見一位貌美的女子,在無意識中產生這樣的錯覺——

「啊,我對這位女子一見鍾情而怦然心動。」

平凡無奇地渡過一般水泥橋的人,並不會產生激烈的心跳,因此,鮮少有男子對進行問卷調查的貌美女子一見鍾情。

「運動或經歷某種可怕體驗之後,很容易被隨即所碰到的異性吸引」,這個現象看似玄妙卻是符合心理學觀點的事實。不僅是一見鍾情,在經歷過某種令人興奮的體驗之後,很容易使彼此雙方覺得更具魅力(超過實際)。

如果想在遊園地利用這個心理,儘早與對方建立親密關係,最好選擇鬼屋或雲霄飛車等,令人心驚膽跳或一起體驗鋼索競走的緊張刺激的①遊程。相反地,如果選擇②平凡無奇的遊程,則難以達到博得芳心的效果。而③則介在①與②之間。

TEST 6

那張照片令人蠢蠢欲動？

左圖有三張女子的臉孔照片，和三張玉腿的照片。

在這些女子臉孔的照片中，那一張最令人感到性誘惑呢？同時，那一雙玉腿最令人覺得性興奮呢？從您所做的答案可以探討您的性意識。

①

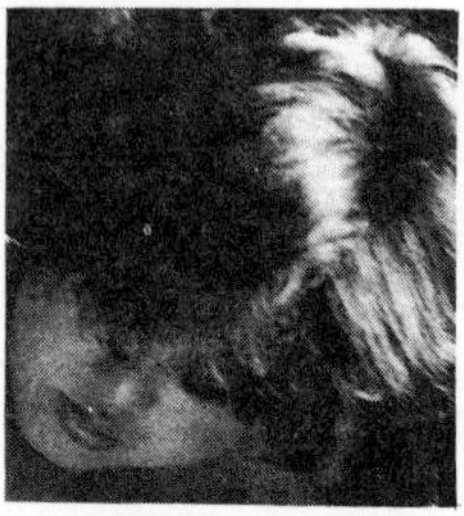

②

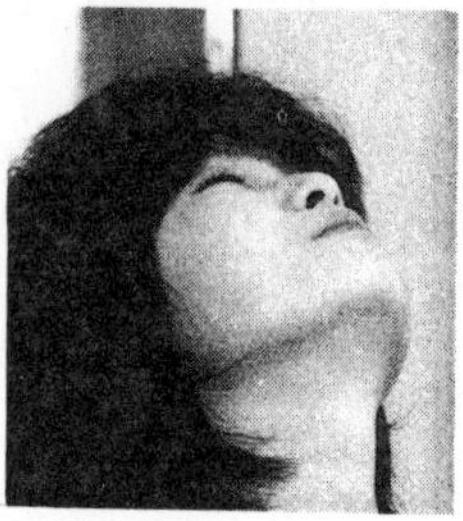

③

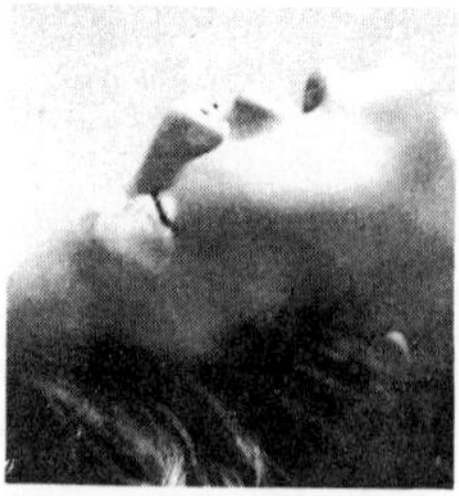

④

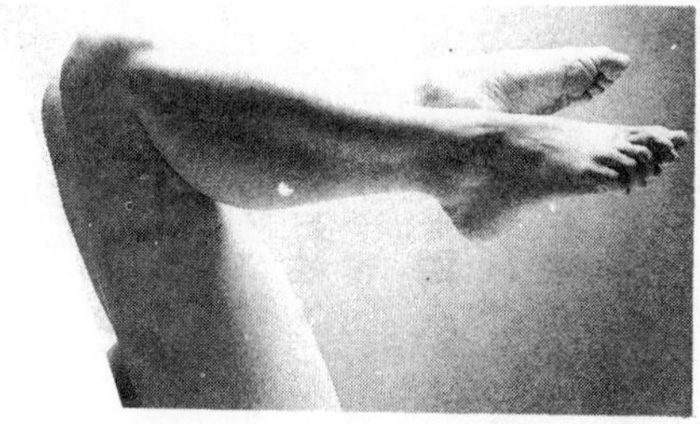

⑤

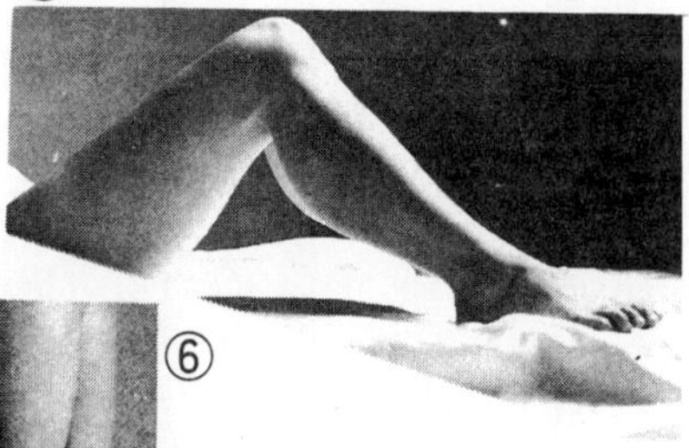

⑥

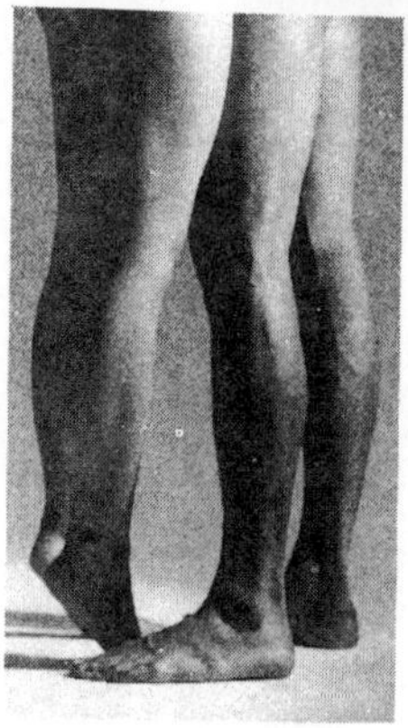

ANSWER 6

渴望帶頭領導或受制於人

〈解說〉

●對性已成熟者是選擇③的人

選擇①的照片的人……也許多少帶有性被虐待素質的人物？在性方面是渴望被人領導，勝於領導對方的類型。

選擇②的照片的人……具攻擊性，會直接了當地表現自己性慾求的類型。若是男性則是充滿陽剛之氣的男人，女性則是更有女人味的人。

選擇③的照片的人……也許是性經驗相當豐富的人？若是男性極懂得駕馭女性，若是女性則擅長令男性滿足的技巧。

選擇④的照片的人……是屬於最一般的類型。在性方面一切順其自然，一般的性即能充分地獲得滿足。

選擇⑤的照片的人……性慾望的落差極為激烈，是屬於征服慾望強烈的類型。

選擇⑥的照片的人……重視情調勝於性的類型。對性尚未成熟。

第六章　瞭解商場對手深層心理的方法

在商場界交易雙方爾虞我詐、聲東擊西的心理，揣測是接觸時極為重要的關鍵——本章將介紹數個對您的工作有所助益的心理術。相信其中的內容有許多足以做為揣測初次商談的對象，或顧客心理的參考。

TEST 1

當朋友說：「借我一點錢吧！」時……

有一個人因事出緊急需要一百萬元，於是到五個朋友的家中請求支援。以下是那五個朋友當時所說的話。

在此先不討論那些朋友會借錢給這個人，倒是這個人認為這些朋友中那一個是「值得信賴的朋友」呢？

①「我很想幫助你，不過，先讓我和內子商量之後再給您消息吧！」
②「我不想因為金錢而犧牲友情。你可不要見怪喔！」
③「我替你找人幫忙吧！」
④「利息每月兩成，可以嗎？」
⑤「老實說我無法借錢給你。」

ANSWER 1

②④⑤的三人

〈解說〉

●關鍵在於有無責任感

像①或③迴避自己的責任，託辭推卸給他人的人，在緊要關頭是不足以信賴的人物。雖然拒絕的方式「間接而委婉」堪稱手段絕妙，不過，一般人聽到這樣的說詞會覺得對方是不值得信賴的人。

相對地，像②或⑤一樣正面表示（基於自己的責任）拒絕對方借款要求的人，可以說是具有決斷力、值得信賴的人。

而④的說詞從某些角度看來會令人以為是貪得無厭的人，其實從另一個角度來看，也可以解釋為故意提出「月息兩成」的難題，而拐彎抹角地拒絕對方。因此，也可能是想令對方產生若能支付兩次的利息，則可借款的印象，是比較和緩的拒絕方式。

綜合上述的分析，似乎可以信賴的人物是②、④、⑤的三人。

總而言之，誠如②的朋友所言，朋友之間的金錢借貸一旦處理不慎，很容易造成對友情的傷害。除了事後是否償還借款的問題之外，即使如期償還借款，也會在雙方的立場上產生優劣之分，而難以在對等的關係上持續交往。

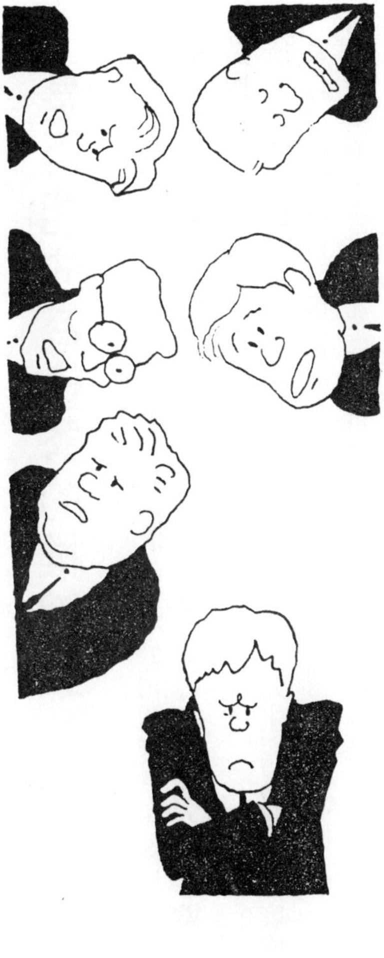

TEST 2

是否能成為優秀的推銷員

D先生是某電氣器具廠商的推銷員。最近他的公司開發了一種機能超群，專為兒童使用的個人電腦，D先生為了促進該公司的製品，決定挨家挨戶地拜訪販賣。

以下所列舉的家庭是將要訪問的客戶，那麼，D先生認為這四個家庭中，那一家有可能購買自己推銷的個人電腦呢？

①藍色的屋頂，房屋的架構顯得豪華、氣派的家庭。有三個孩子。

②紅色屋頂，大門及圍牆等外觀摩登，卻看起來並不太醒目的家庭。有一個孩子。

③位於都市高級地段的超高級大廈。有三個孩子。

④黑色屋頂、極其普通的家庭，不過房屋朝向北方，採光不好。有一個孩子。

①
②
③
④

ANSWER 2

②的家庭

〈解說〉

●配合住家或家族結構的推銷方法

令推銷員最傷腦筋的是，如何在衆多的顧客中，找出最有可能購買自己推銷商品的顧客，以及用何種方法才能掌握顧客的心理。

以挨家挨戶拜訪推銷的情況而言，光憑一、二次的訪問並無法了解顧客的需要。

但是，有一個可盡量減少訪問次數，卻能有效地推銷的方法。方法是針對所訪問的顧客做下列資料的檢查。

●房子的屋頂是什麼顏色？

●圍牆或門的結構如何？是否耗費裝飾？

●房子朝那個方向？

●孩子有幾人？

在這個問題中，何以②是購買個人電腦的家庭呢？

首先來看房子屋頂的顏色。如果是自己的家，**紅色屋頂的家庭**多半對新式商品較有興趣。

換言之，對時髦的家具或電器用品的憧憬較為強烈。

尤其是這個問題中，②的家庭雖然大門、圍牆顯得時髦氣派，而住家本身並不突出的家庭，多半是慾求不滿型。對於新製品或摩登的電氣製品會有趨之若鶩的傾向。

而**屋頂是藍色的家庭**，多半是作家、設計師等自由業的家庭。

這種家庭較難打開推銷的門路，不過，一旦掌握為顧客，反而較容易順利地推銷。

而**圍牆或大門裝飾得氣派**、**豪華的家庭**，乍看下似乎是富豪之家，不過，出人意外的是，對金錢方面較為囉嗦，在訪問推銷上的成功率較低。

因為，這種家庭多半會在高級商店或百貨公司購物，鮮少接受訪問推銷的兜售。

另外，以房屋的方位而言，**採光不好的家庭或東南向窗戶較少的家庭**，多半是具有渴望改善目前的生活狀態，或變化生活模式的慾求較強的家庭。向這些家庭推銷新製品的成功率較高。

接著來談孩子的多寡。現代的家庭孩子普遍地減少。一般是二～三個孩子，有三個以上孩子的家庭，如果是上班族則無法成為大商品的推銷對象。

最容易成為推銷對象的，是獨生子的家庭。一般的父母對於獨生子的教育都非常的關心與重視，所以，專為兒童設計的個人電腦當然求之不得。

綜合以上事項來判斷的結果，D先生所鎖定的目標應該是②的家庭。

您是否也能夠成為懂得分辨顧客的優秀推銷員呢？

有益的話題

★推銷員看穿主婦心理的智慧

當推銷員拜訪某個家庭時，是如何看穿該家主婦是否能成為好顧客呢？

首先，為了得知該家庭所交易的銀行，必須觀察桌上的火柴盒或牆壁上的月曆。這些物品多半使用銀行所贈送而非自己購買。其次是觀察時鐘或日曆、玻璃窗。如果是精明能幹、付錢爽快、勤快踏實的主婦，絕不會讓家裡的時鐘停擺，或日曆不照日期翻閱、玻璃窗沾滿塵埃等等。

TEST 3

成為能幹的企劃經理的方法

左圖是某洗潔劑廠商預定最近出品的廚房洗潔劑。雖然已經決定好容器本身的款式，卻還沒有敲定要用那一種顏色。下列三種顏色是正在斟酌選擇中的顏色。

①藍色。

②黃色。

③藍色底加水點花樣。

如果你是商品企劃經理，會決定那一種顏色呢？

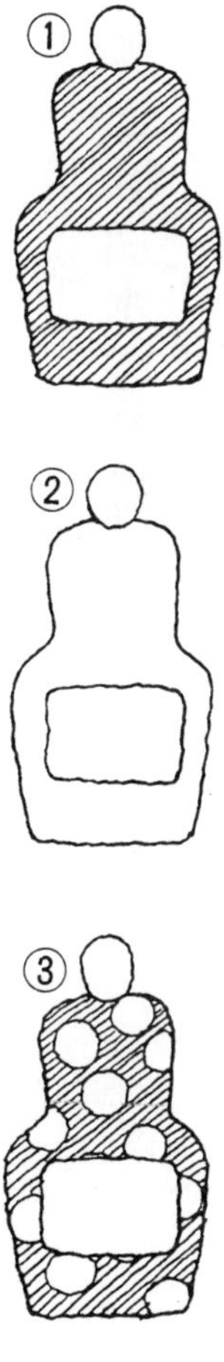

ANSWER 3

③藍色底加水點花樣

〈解說〉

●顏色決定商品的形象

美國某心理學研究所曾經做過與此完全相同的實驗。他們把同樣的中性洗潔劑，只改變容器的顏色，而調查消費者實際使用時的感覺。調查的結果如下：

①藍色容器的洗潔劑——消費者多數的反應是爽快俐落，卻難以去污。也許是「藍＝冷＝冷水＝難以去污」的聯想所造成的。

②黃色容器的洗潔劑——常見的意見是「容易去污卻易傷玉手」。黃色和藍色比較起來帶有「溫暖」的印象，因此令人覺得較容易去污，不過，黃色也是「危險信號」的顏色、硫磺的顏色。這個訊息所造成的心理效果很容易產生「傷害皮膚」的聯想。

③的容器所得到的風評最好，諸如：「良好的洗潔劑」「使用方便、又不傷玉手」。

換言之，在容器的顏色中最容易保持去污與「不傷害皮膚」印象的，是③的容器。從這個實驗即可明白只改變容器的顏色，即使裡面所裝的洗潔劑完全一樣，也會改變消費者對商品所抱持的印象。

以下順便根據所挑選的顏色來做性格分析。

選擇①的人……一般而言喜歡藍色的人多半是幻想家、內向性格者，有時會因輕易信任他人而被背叛，想法過於單純而失敗。在面對「商業」這個現實的對象時，也許最好養成多少具備現實的觀點。

選擇②的人……喜好黃色的你，是具有行動力與冒險心，不會滿足現狀的積極型的人。但是，有時會因慾求不滿而困擾或常有與他人意見衝突的時候。也許根據自己所歸納的結論而奮發向前之前，稍微停止腳步做一下反省較為妥當。

選擇③的人……具備優越的設計品味，對於色彩心理的靈感相當敏銳的人。

TEST 4

從會客室瞭解公司的將來性

某天下午兩點左右，A先生前往P商業公司做職前拜訪。他被帶領到一間富麗堂皇的會客室，等待一會兒之後一名人事專員前來應對，不久女職員端上茶來……這正是左圖的情景。

人事專員的態度似乎是「非常歡迎像您這麼優秀的人才」，然而據說A先生事後卻表示「另外找其他的公司看看吧……」。

到底A先生不滿意P商業公司的那個地方呢？

ANSWER 4

時鐘、茶盤以及……

〈解說〉

●從會客室的小物品發現公司意外的一面

公司的會客室是認識該公司真面貌的絕佳場所。

譬如，經驗老道的稅務稽查員，被帶領到所調查的公司的會客室時，首先會注意牆壁上的日曆與桌上的火柴盒。

因為，這些東西多半不是自己公司的物品，而是使用所交易的銀行或企業所贈的物品。

如果火柴盒和日曆是其他銀行的贈品，主要的交易銀行應該是屬於贈送月曆者……，如此仔細地觀察即可詳細地瞭解該公司的財務內容。

如果會客室裡擺放有時鐘而時鐘已經停擺時，極可能是公司裡的人事管理不夠徹底，或公司整體的氣氛顯得散漫的緣故。

您仔細看前頁會客室的時鐘。A先生訪問該公司是在「下午兩點左右」，而時針卻指著六點。這個時鐘已經停擺了。

給顧客端茶時，鉅細靡遺的公司應該會留意到給顧客的茶要附上茶盤，自己公司的職員則可省略茶盤……然而P商業公司的待客之道卻違背常識。

從這些狀況看來，A先生打算到其他公司投石問路也是理所當然的。

有益的話題

★公司的特色從大門即一目瞭然

如果仔細觀察大門或電梯、會客室、經理室的位置，即可清楚地瞭解該公司的特色。因為，建築物或空間對於在其中勞動者的心理，會造成各種不同的影響。

首先來談大門。關鍵乃在於其右側的景況。大門的右側乃是整棟大樓的運動基點，是整體的象徵。一般的公司都會在這個方位做公司的PR、商品展示等等。如果這個方位是倉庫或顯得骯髒污穢，該公司多半是業績已呈惡化。

TEST 5

找出大富翁！

某汽車公司的營業員B先生是該公司營業業績高居首位的推銷員。他所販賣的汽車是價值一〇〇萬元～二〇〇萬元的高級車。不過，他為了如何找出足以購買高級車的富商巨賈而煞費苦心。

有一次，他想到找出有錢人的有趣的方法。首先他會先調查在各個飯店所召開的宴會，到向主辦的公司的宴會負責人央求擔當櫃台接待。其中數家公司因為K先生服務於一流的汽車公司，而答應其要求。

K先生擔任這些宴會的招待，到底想要調查什麼？原來他是觀察前來參加宴會的客人在櫃台支付會費時的動作。根據K先生所言，在櫃台支付會費的方式即可看穿是否是能購買汽車的客人。根據他的觀察，一般支付會費時的方式可分成下列幾種類型。假設這時的會費是五〇〇〇元。

①掏出一千元大鈔而找零的人。
②詢問「會費是多少？」再拿出五〇〇元現鈔付款的人。
③東掏西找拿出縐巴巴的一〇〇〇元現鈔的人。
④從錢包掏出平整的五〇〇元鈔票的人。
⑤從西裝內口袋掏出一疊一百元及一千元鈔票，再從中徐緩地掏出五張一百元鈔票的人。

請從上述五種類型中找出那一位具有購買汽車能力。

ANSWER 5

④從錢包掏出平整的五〇〇元鈔票的人

〈解說〉

●從鈔票的取出法即可瞭解該人的金錢觀

Ｋ先生在宴會兼差櫃台接待，然後從觀察中把像④一樣拿出平整的鈔票，支付應繳會費的名字筆記下來，再向他們推銷汽車，提高販賣業績。

那麼，④以外的四人為何沒有能力購買汽車呢？

①**掏出一〇〇〇元鈔票的人**，其身上也帶有一〇〇現鈔及五〇〇元現鈔。但是，刻意掏出一〇〇〇元現鈔類型的人，是愛慕虛榮、具有強烈的虛榮心。若是愛慕虛榮應可以購買高級汽車，但是，這種人是屬於缺乏金錢與財力，卻硬要裝闊的類型。

②**類型的人**，事實上已經看過宴會招待函而得知會費的多寡，到了會場卻忘了金額，再詢問乃是疏忽怠慢所致。即使分期付款購買汽車，也令人懷疑是否能確定地按月付款。

這種人對金錢觀較為散漫的類型。

③掏出縐巴巴鈔票付會費的人，多半沒帶多少錢或情非得已出席宴會的人。推銷的成功率相當低。

⑤的人和①的類型類似。雖然也愛慕虛榮，不過在私生活方面是吝嗇鬼。

K先生何以認為**④的類型**是富有的人，可以成為推銷高級車的對象呢？

從他支付的金額正好是會費五〇〇元，以及特意從銀行取款準備平整的鈔票看來，不難瞭解這種人在出席宴會之前已做好支付會費的準備。

同時，刻意從銀行取出現款，即可推測其日常的付款是利用支票或信用卡。有錢人和平常人不同，多半不使用現金而利用信用卡。

認真地處理金錢的態度是表示經濟觀牢靠，即使分期付款也不必擔心尾款不清。K先生就是根據這個方法找到能夠購買汽車的顧客，而成為營業業績首居一指的超級推銷員。

TEST 6

對抗整人的面試主考官！

F先生是某一流公司的人事負責人。這次由於公司要錄用新進職員而舉行下面獨特的面試。

首先在報紙上刊登「**當天必須穿著整齊西裝並攜帶一雙拖鞋**」的徵人廣告。面試的房間如圖所示，除了F先生的桌子以外，沒有任何椅子或其他物品。F先生在這間面試考場獨自坐在辦公桌前工作。接著傳喚將鞋子換成拖鞋的應考者進入會場。當應考者走進房間時，F先生只說了這句話。

「將西裝的上衣掛在牆壁的衣架上，脫掉鞋子請坐在椅上。」

說完後F先生仍然做他的工作。

據說這時應考者的態度可分成以下五種類型。在這當中F先生所採用的是那一個類型呢？

①在F先生工作完畢之前一直站在桌子旁邊等候。

②向F先生客氣地詢問：「真對不起，這裡沒有衣架也沒有椅子……。」

③回答說：「是的。」卻顯得徬徨不知所措。

④走出房間去找一張椅子。

⑤明白地表示：「這裡既沒有衣架也沒有椅子，我該怎麼做呢？」

ANSWER 6

②和⑤被錄用了

〈解說〉

●如何辨別具有能力的人

　這個奇特的面試做為判定人的性格或能力的方法，有其耐人尋味之處。接受這項面試的人幾乎在進入房間的刹那，聽到主考官不近情理的招呼而啞口無言。但是，隨後所表示的態度正暴露其毫無掩飾的本質。

　①和③的類型的人具有順應性，老實而誠實。交待其工作絕對不會出差錯或產生重大問題、表現危險的言行舉動。但是，卻缺乏向某種新的事物挑戰，或著手新的工作的企圖心與冒險心。即使給予錄用也只是將工作處理的妥當無從挑剔而已，毫無將來性。這種人適合計算、管理等機械性的工作。

　②的類型是潛在性地具有領導者的指導素質。他會努力地讓對方明白對方所說的事情

不合情理，並顧慮對方是年長的主考官的立場。對公司而言是值得期待其將來性的職員。

④的類型反映異於常人，鮮少有人會採取這樣的態度。這種類型者具有不加思索即採取行動的傾向。任何事情都迅速地處理，顯得輕率又好管閒事。

⑤的類型若做為營業員或推銷員，會積極地發展自己的才能，朝自己的目標堅忍不拔地努力前進。

以現代的商業社會而言，所必要的人是②和⑤的類型。

TEST 7

獨當一面型的董事長所喜歡的角度是？

公司的營運有如飛鳥展翅般地成長中的某公司，其獨當一面型的董事長要求某畫家為其描繪肖像。那位畫家把各種不同角度的肖像草圖拿給董事長看，並詢問他：「您決定採那個角度？」

這位董事長所挑選的是那個角度的肖像畫呢？

①露出左側臉而朝下

②露出左側臉而朝上

③露出右側臉而朝下

④露出右側臉而朝上

ANSWER 7

④的角度

〈解說〉

●喜歡右側臉朝上臉型的人是野心家

一般而言，畫家在描繪人的臉孔時，多半是描繪正看對象時其左斜面的角度。這似乎和慣用右手的人較容易描繪這個方向的臉孔有所關連，不過，如果實際去描繪即可明白右側的臉孔描繪起來相當困難。

除此之外，在拍照或與人面對面交談時，「根據對方喜歡擺出那一側的臉孔」，即可大致反映出該人的性格。

根據調查，喜歡展現自己左側臉孔的人高居七三%，同時，這個方向的臉孔似乎也較討人喜歡。

相對地，**較常擺出右側臉孔的人，多半是個性強又有點奇異性格的人**。這種人會表現異於常人的能力，具有行動力，是屬於野心家的獨當一面型。

以歷史上著名的人士而言，梵谷喜好描繪右側臉的自畫像，而希特勒在拍照時也喜歡以右側的臉孔面對鏡頭。

另外，不僅是臉孔朝左或朝右的方向，縮起下顎使臉孔朝下的人，或相反地將臉孔朝上的人，在性格上或當時的心理狀態都屬於較反常的時候。

臉孔朝上的人是屬於自信家，自我顯示慾強，而臉孔朝下的人正好與其相反。

綜合以上的敍述，根據喜歡上述四種角度中的那一種臉孔，即能明白該人是屬於何種性格的人物。

問題中的董事長正處於事業順利、充滿自信的狀態，從這一點看來應該會選擇④。領導型的人或從事指導他人職業的人，似乎刻意地擺出這種角度的臉孔較能提高效果。

大展出版社有限公司	圖書目錄
地址：台北市北投區11204 致遠一路二段12巷1號 郵撥： 0166955～1	電話：(02) 8236031 8236033 傳眞：(02) 8272069

•法律專欄連載•電腦編號58

台大法學院 法律學系／策劃 法律服務社／編著

①別讓您的權利睡著了[1] 180元
②別讓您的權利睡著了[2] 180元

•趣味心理講座•電腦編號15

①性格測驗1	探索男與女	淺野八郎著	140元
②性格測驗2	透視人心奧秘	淺野八郎著	140元
③性格測驗3	發現陌生的自己	淺野八郎著	140元
④性格測驗4	發現你的真面目	淺野八郎著	140元
⑤性格測驗5	讓你們吃驚	淺野八郎著	140元
⑥性格測驗6	洞穿心理盲點	淺野八郎著	140元
⑦性格測驗7	探索對方心理	淺野八郎著	140元
⑧性格測驗8	由吃認識自己	淺野八郎著	140元
⑨性格測驗9	戀愛知多少	淺野八郎著	140元

•婦 幼 天 地•電腦編號16

①八萬人減肥成果	黃靜香譯	150元
②三分鐘減肥體操	楊鴻儒譯	130元
③窈窕淑女美髮秘訣	柯素娥譯	130元
④使妳更迷人	成　玉譯	130元
⑤女性的更年期	官舒妍編譯	130元
⑥胎內育兒法	李玉瓊編譯	120元
⑦愛與學習	蕭京凌編譯	120元
⑧初次懷孕與生產	婦幼天地編譯組	180元
⑨初次育兒12個月	婦幼天地編譯組	180元
⑩斷乳食與幼兒食	婦幼天地編譯組	180元
⑪培養幼兒能力與性向	婦幼天地編譯組	180元
⑫培養幼兒創造力的玩具與遊戲	婦幼天地編譯組	180元

⑬幼兒的症狀與疾病	婦幼天地編譯組	180元
⑭腿部苗條健美法	婦幼天地編譯組	150元
⑮女性腰痛別忽視	婦幼天地編譯組	130元
⑯舒展身心體操術	李玉瓊編譯	130元
⑰三分鐘臉部體操	趙薇妮著	120元
⑱生動的笑容表情術	趙薇妮著	120元
⑲心曠神怡減肥法	川津祐介著	130元
⑳內衣使妳更美麗	陳玄茹譯	130元
㉑瑜伽美姿美容	黃靜香編著	150元

•青春天地•電腦編號17

①A血型與星座	柯素娥編譯	120元
②B血型與星座	柯素娥編譯	120元
③O血型與星座	柯素娥編譯	120元
④AB血型與星座	柯素娥編譯	120元
⑤青春期性教室	呂貴嵐編譯	130元
⑥事半功倍讀書法	王毅希編譯	130元
⑦難解數學破題	宋釗宜編譯	130元
⑧速算解題技巧	宋釗宜編譯	130元
⑨小論文寫作秘訣	林顯茂編譯	120元
⑩視力恢復！超速讀術	江錦雲譯	130元
⑪中學生野外遊戲	熊谷康編著	120元
⑫恐怖極短篇	柯素娥編譯	130元
⑬恐怖夜話	小毛驢編譯	130元
⑭恐怖幽默短篇	小毛驢編譯	120元
⑮黑色幽默短篇	小毛驢編譯	120元
⑯靈異怪談	小毛驢編譯	130元
⑰錯覺遊戲	小毛驢編譯	130元
⑱整人遊戲	小毛驢編譯	120元
⑲有趣的超常識	柯素娥編譯	130元
⑳哦！原來如此	林慶旺編譯	130元
㉑趣味競賽100種	劉名揚編譯	120元
㉒數學謎題入門	宋釗宜編譯	150元
㉓數學謎題解析	宋釗宜編譯	150元
㉔透視男女心理	林慶旺編譯	120元
㉕少女情懷的自白	李桂蘭編譯	120元
㉖由兄弟姊妹看命運	李玉瓊編譯	130元
㉗趣味的科學魔術	林慶旺編譯	150元
㉘趣味的心理實驗室	李燕玲編譯	150元
㉙愛與性心理測驗	小毛驢編譯	130元

㉚刑案推理解謎	小毛驢編譯	130元
㉛偵探常識推理	小毛驢編譯	130元
㉜偵探常識解謎	小毛驢編譯	130元
㉝偵探推理遊戲	小毛驢編譯	130元
㉞趣味的超魔術	廖玉山編著	150元
㉟		

•健 康 天 地• 電腦編號18

①壓力的預防與治療	柯素娥編譯	130元
②超科學氣的魔力	柯素娥編譯	130元
③尿療法治病的神奇	中尾良一著	130元
④鐵證如山的尿療法奇蹟	廖玉山譯	120元
⑤一日斷食健康法	葉慈容編譯	120元
⑥胃部強健法	陳炳崑譯	120元
⑦癌症早期檢查法	廖松濤譯	130元
⑧老人痴呆症防止法	柯素娥編譯	130元
⑨松葉汁健康飲料	陳麗芬編譯	130元
⑩揉肚臍健康法	永井秋夫著	150元
⑪過勞死、猝死的預防	卓秀貞編譯	130元
⑫高血壓治療與飲食	藤山順豐著	150元
⑬老人看護指南	柯素娥編譯	150元
⑭美容外科淺談	楊啟宏著	150元
⑮美容外科新境界	楊啟宏著	150元

•實用心理學講座• 電腦編號21

①拆穿欺騙伎倆	多湖輝著	140元
②創造好構想	多湖輝著	140元
③面對面心理術	多湖輝著	140元
④偽裝心理術	多湖輝著	140元
⑤透視人性弱點	多湖輝著	140元
⑥自我表現術	多湖輝著	150元
⑦不可思議的人性心理	多湖輝著	150元
⑧催眠術入門	多湖輝著	150元

•超現實心理講座• 電腦編號22

①超意識覺醒法	詹蔚芬編譯	130元
②護摩秘法與人生	劉名揚編譯	130元
③秘法！超級仙術入門	陸　明譯	150元

④給地球人的訊息	柯素娥編著	150元
⑤密教的神通力	劉名揚編著	130元

・心 靈 雅 集・電腦編號00

①禪言佛語看人生	松濤弘道著	150元
②禪密教的奧秘	葉逯謙譯	120元
③觀音大法力	田口日勝著	120元
④觀音法力的大功德	田口日勝著	120元
⑤達摩禪106智慧	劉華亭編譯	150元
⑥有趣的佛教研究	葉逯謙編譯	120元
⑦夢的開運法	蕭京凌譯	130元
⑧禪學智慧	柯素娥編譯	130元
⑨女性佛教入門	許俐萍譯	110元
⑩佛像小百科	心靈雅集編譯組	130元
⑪佛教小百科趣談	心靈雅集編譯組	120元
⑫佛教小百科漫談	心靈雅集編譯組	150元
⑬佛教知識小百科	心靈雅集編譯組	150元
⑭佛學名言智慧	松濤弘道著	180元
⑮釋迦名言智慧	松濤弘道著	180元
⑯活人禪	平田精耕著	120元
⑰坐禪入門	柯素娥編譯	120元
⑱現代禪悟	柯素娥編譯	130元
⑲道元禪師語錄	心靈雅集編譯組	130元
⑳佛學經典指南	心靈雅集編譯組	130元
㉑何謂「生」 阿含經	心靈雅集編譯組	130元
㉒一切皆空 般若心經	心靈雅集編譯組	130元
㉓超越迷惘 法句經	心靈雅集編譯組	130元
㉔開拓宇宙觀 華嚴經	心靈雅集編譯組	130元
㉕真實之道 法華經	心靈雅集編譯組	130元
㉖自由自在 涅槃經	心靈雅集編譯組	130元
㉗沈默的教示 維摩經	心靈雅集編譯組	130元
㉘開通心眼 佛語佛戒	心靈雅集編譯組	130元
㉙揭秘寶庫 密教經典	心靈雅集編譯組	130元
㉚坐禪與養生	廖松濤譯	110元
㉛釋尊十戒	柯素娥編譯	120元
㉜佛法與神通	劉欣如編著	120元
㉝悟（正法眼藏的世界）	柯素娥編譯	120元
㉞只管打坐	劉欣如編譯	120元
㉟喬答摩・佛陀傳	劉欣如編著	120元
㊱唐玄奘留學記	劉欣如編譯	120元

㊲佛教的人生觀	劉欣如編譯	110元
㊳無門關（上卷）	心靈雅集編譯組	150元
㊴無門關（下卷）	心靈雅集編譯組	150元
㊵業的思想	劉欣如編著	130元
㊶佛法難學嗎	劉欣如著	140元
㊷佛法實用嗎	劉欣如著	140元
㊸佛法殊勝嗎	劉欣如著	140元
㊹因果報應法則	李常傳編	140元
㊺佛教醫學的奧秘	劉欣如編著	150元

•經 營 管 理• 電腦編號01

◎創新經營管理六十六大計（精）	蔡弘文編	780元
①如何獲取生意情報	蘇燕謀譯	110元
②經濟常識問答	蘇燕謀譯	130元
③股票致富68秘訣	簡文祥譯	100元
④台灣商戰風雲錄	陳中雄著	120元
⑤推銷大王秘錄	原一平著	100元
⑥新創意•賺大錢	王家成譯	90元
⑦工廠管理新手法	琪　輝著	120元
⑧奇蹟推銷術	蘇燕謀譯	100元
⑨經營參謀	柯順隆譯	120元
⑩美國實業24小時	柯順隆譯	80元
⑪撼動人心的推銷法	原一平著	120元
⑫高竿經營法	蔡弘文編	120元
⑬如何掌握顧客	柯順隆譯	150元
⑭一等一賺錢策略	蔡弘文編	120元
⑮世界經濟戰爭	約翰•渥洛諾夫著	120元
⑯成功經營妙方	鐘文訓著	120元
⑰一流的管理	蔡弘文編	150元
⑱外國人看中韓經濟	劉華亭譯	150元
⑲企業不良幹部群相	琪輝編著	120元
⑳突破商場人際學	林振輝編著	90元
㉑無中生有術	琪輝編著	140元
㉒如何使女人打開錢包	林振輝編著	100元
㉓操縱上司術	邑井操著	90元
㉔小公司經營策略	王嘉誠著	100元
㉕成功的會議技巧	鐘文訓編譯	100元
㉖新時代老闆學	黃柏松編著	100元
㉗如何創造商場智囊團	林振輝編譯	150元
㉘十分鐘推銷術	林振輝編譯	120元

國家圖書館出版品預行編目資料

性格測驗 7 探索對方心理／淺野八郎著
；李玉瓊譯 --初版 --臺北市：大展，民83
面； 公分 --（趣味心理講座；7）
譯自：性格グーム 第7集 相手の心ガ讀め
ゐ本
ISBN 957-557-434-6（平裝）

1. 心理測驗

179 83002158

本書原名：性格ゲーム・第7集
相手の心が読める本
原発行所：KKベストセラーズ
原作者淺野八郎先生授權出版 1993

版權仲介：京王文化事業有限公司

性格測驗⑦ **探索對方心理** ISBN 957-557-434-6

原著者／淺野八郎
編譯者／李玉瓊
發行人／蔡森明
出版者／大展出版社有限公司
社址／台北市北投區（石牌）致遠一路二段12巷1號
電話／(02) 8236031・8236033
傳眞／(02) 8272069
郵政劃撥／0166955－1
登記證／局版臺業字第2171號
承印者／國順圖書印刷公司
裝訂／嶸興裝訂有限公司
排版者／千兵企業有限公司
初版／1994年（民83年）4月
2刷／1995年（年84年）11月
3刷／1997年（民86年）2月

定價／140元

大展好書
好書大展

大展好書 好書大展